Cena da Natividade: Maria, Jesus e os reis magos (autor desconhecido)

CRISTIANISMO

AS GRANDES REPORTAGENS

AVENTURAS NA HISTÓRIA

DIRETOR-SUPERINTENDENTE Edgardo Martolio
DIRETOR EDITORIAL Pablo de la Fuente
EDITORA Bia Mendes
CAPA E PROJETO GRÁFICO Luciana Porto Alegre Steckel
REVISÃO Bianca Albert
IMAGENS Shutterstock

Dados Internacionais de Catalogação na Publicação (CIP)
(Câmara Brasileira do Livro, SP, Brasil)

Cristianismo: As Grandes Reportagens. - 1. ed.- São Paulo: Editora CARAS, 2016. (Coleção Aventuras na História)
Vários autores.

Bibliografia
1. Cristianismo 2. Cristianismo - História 3. Igreja - História 4. Reportagens I. Série.

16-06910 CDD-270

2016

EDITORA CARAS
Av. Presidente Juscelino Kubitschek, 1400
04543-000 - São Paulo/SP - Brasil

ORIGENS DO DEUS CRISTÃO

JESUS, O FILHO DE DEUS

A IGREJA DE CRISTO

EM NOME DE JESUS

Querido leitor, apresentar para você este livro, com as melhores reportagens sobre o cristianismo publicadas em AVENTURAS NA HISTÓRIA, é tão prazeroso quanto o foi prepará-lo. Desde seu lançamento, há 13 anos, nossa revista traz para você, com seu olhar histórico, tudo o que se sabe e o que se descobre de novo sobre a vida de Jesus Cristo, o personagem principal do cristianismo, assim como seu legado e seus seguidores. Sua figura estampou muitas capas, cujas matérias buscam desvendar um dos maiores mitos da humanidade. Quem foi Jesus? Ele realmente existiu da forma como narra a *Bíblia*, em seu Novo Testamento? Era um homem especial, enviado por Deus, ou apenas mais um grande líder? O que de fato ele ensinou? Quem era sua família? Como ele viveu? Que força tinha esse homem para transformar seus ensinamentos numa religião que hoje conta com 2 bilhões de seguidores? Os textos que você vai encontrar nas páginas deste livro formam um belo panorama histórico sobre os primórdios do monoteísmo, passam pelo nascimento, vida e morte de Jesus e a divulgação de suas palavras pelo mundo, o que se transformou na maior religião do planeta.

Aproveite a leitura.

Bia Mendes

- BIA MENDES -
EDITORA

Detalhe da Capela Sistina, Vaticano (Michelângelo)

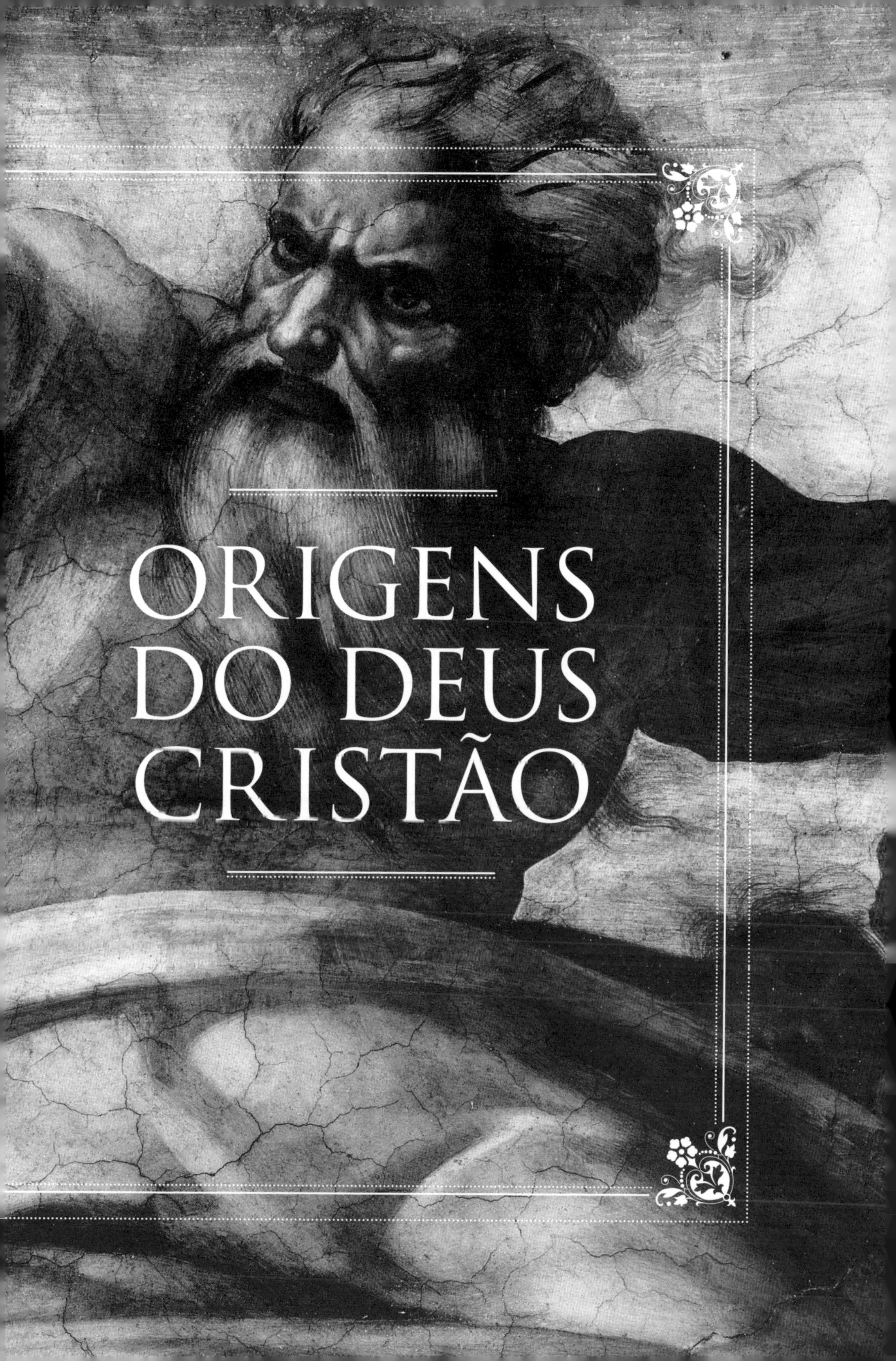

ORIGENS DO DEUS CRISTÃO

A INVENÇÃO DE DEUS

Há aproximadamente 4 mil anos, a ideia de um deus único e poderoso mudou a História do mundo. Saiba, enfim, como foi concebida a ideia do Criador

RODRIGO CAVALCANTE

Edição 52 • Dezembro 2007

O todo-poderoso deus do Sol Amon-Rá, um dos criadores do mundo no antigo Egito, não passa hoje de mera curiosidade arqueológica. O mesmo fim levaram outros deuses egípcios, como Osíris e sua mulher Ísis. Tiamat e Apsu, deuses da criação na Mesopotâmia, também foram relegados ao ostracismo. Zurvan, o deus do tempo na Pérsia antiga, não conseguiu acompanhar o passar dos séculos com a mesma força. E os grandes deuses gregos e romanos, como Zeus (Júpiter, para os romanos), Afrodite (Vênus) e Apolo (Marte), apesar de gozarem ainda de status literário e mitológico no Ocidente, não são levados mais a sério como divindades – a não ser em episódios de desenhos animados como *Os Superamigos*, onde ainda são invocados por personagens como o Super-Homem, a Mulher-Maravilha e outros membros da Sala de Justiça.

Esse, definitivamente, não é o caso de Javé. O deus bíblico criador do céu e da terra segundo o *Gênesis* continua reinando absoluto para mais de 3 bilhões de judeus, cristãos e muçulmanos (ainda que estes últimos o chamem de Alá). Mesmo que você seja ateu, Javé continua moldando boa parte de sua vida. Afinal, a imagem de um ser todo-poderoso, masculino, onipotente, pai, permeia a cultura, o comportamento e a ética do Ocidente. Mas como a ideia de um único deus, cultuado inicialmente por pequenas tribos do Oriente Médio, viria a mudar a História do planeta? Como Javé superou os deuses dos maiores impérios da Antiguidade?

DEUSES E DEUS

Apesar de ninguém saber ao certo o momento em que os homens passaram a cultuar deuses, a maioria dos arqueólogos e antropólogos concorda que esse é um traço comum de todas as civilizações. Como escreveu a historiadora das religiões Karen Armstrong em seu livro *Uma História de Deus*, "parece que criar deuses é uma coisa que os seres humanos sempre fizeram. E, quando uma ideia religiosa deixa de funcionar para eles, simplesmente a substituem".

As primeiras imagens de deuses esculpidas em pedras há mais de 10 mil anos na Europa, no Oriente Médio e na Índia em nada se parecem, contudo, com o velho barbudo e musculoso dos afrescos que Michelangelo pintou na Renascença. São imagens de mulheres nuas, gordas, grávidas e de seios fartos que simbolizavam a fertilidade – algo natural, segundo os arqueólogos, numa época em que a agricultura estava se desenvolvendo. Com o tempo, essa deusa mãe da fertilidade ganharia vários nomes: Inana na antiga Suméria, Ishtar na Babilônia, Anat em Canaã, Ísis no Egito e Afrodite na Grécia. E quase sempre dividia lugar com outros deuses.

Na Grécia antiga, espécie de matriz do mundo ocidental, mais de uma dezena de deuses era cultuada pelos cidadãos. Nenhum deles, contudo – incluindo o poderoso Zeus – era tão gigante, distante e sobrenatural como o deus da *Bíblia*. Para os gregos, os deuses não eram figuras imaculadas e perfeitas, mas apenas uma das "três raças" que habitavam o mundo, ao lado dos animais e dos homens. "Eles eram espécies de super-homens com qualidades e defeitos bem semelhantes aos nossos. Com a diferença, é claro, de que eram imortais", diz o historiador e arqueólogo Pedro Paulo Funari, da Universidade Estadual de Campinas. Até mesmo a morada deles em nada se assemelha ao céu sobrenatural do deus bíblico. Para os gregos, ao menos 12 desses deuses viviam no Monte Olimpo, uma montanha de verdade localizada na Grécia, com quase 3 mil metros de altitude.

E, por estarem mais próximos dos homens, a relação dos gregos com os deuses era semelhante à relação de alguns católicos com seus santos de preferência. Cada um deles tinha um papel bem definido e as oferendas seguiam a lógica das promessas: em troca de ofertas ao seu deus predileto, os devotos esperavam que sua parte no pacto fosse cumprida. Quando isso não acontecia, era comum que os deuses fossem criticados abertamente – assim como um empregado critica seu patrão por não ter retribuído seu esforço.

Adotados pelos romanos com outros nomes, esses deuses da Grécia logo se tornaram parte do ritual cívico do novo império que não parava de se expandir. Como os deuses não eram entidades imaculadas – e sim um tipo de homens superpotentes –, era comum atribuir a alguns imperadores (as pessoas mais poderosas à época) uma origem divina. Na prática, os rituais da administração pública costumavam se mesclar às cerimônias religiosas.

Mas, desde que os povos dominados pelos romanos que seguissem outras religiões pagassem seus impostos e não desafiassem o comando romano, seus cidadãos tinham o direito de seguir os deuses de sua preferência. Quando os romanos conquistaram a região que hoje faz parte de Israel, no século 1 a.C., eles inicialmente não fizeram muito caso com o culto dos judeus a um deus único no Templo de Jerusalém. Naquele tempo, ninguém podia ainda imaginar que o deus dos judeus seria levado, quatro séculos depois, para o centro do maior império do Ocidente. Mas que deus era esse?

DEUS TRIBAL

Segundo as Escrituras, o pacto entre os judeus e Javé teria começado com um homem chamado Abraão, há cerca de 4 mil anos. Conta a tradição que ele foi chamado por Deus para deixar a cidade de Ur, na Mesopotâmia (atual Iraque), para fundar uma nova nação em uma terra desconhecida. Mais tarde, essa terra prometida seria chamada de Canaã. Ao obedecer e firmar uma aliança com esse deus único, Abraão recebeu a promessa de que sua "semente" iria prosperar por toda a Terra.

O deus que aparecera para Abraão é completamente diferente dos deuses gregos e romanos. Ele não compartilhava da condição humana e se colocava na posição onipotente de poder fazer qualquer exigência que quisesse. Qualquer uma mesmo. No caso de Abraão, por exemplo, Javé ordenou que seu filho Isaac fosse sacrificado pelo próprio pai como prova de sua fé. O resto da história é conhecido: no momento em que Abraão já estava com a faca em punho, Javé recuou do pedido e disse que tudo não passara de um teste.

Por isso mesmo, quem lê o Antigo Testamento (o Pentateuco, para os judeus) sabe que Javé não guarda semelhanças com o pai dócil ou amoroso que mais tarde o cristianismo iria propagar. "É um deus brutal, parcial e assassino: um deus de guerra, que seria conhecido como Javé Sabaoth, Deus dos Exércitos", escreveu a historiadora

Karen Armstrong. "É passionalmente partidário, tem pouca misericórdia pelos não favoritos, uma simples divindade tribal." Prova disso seriam as passagens como a que Javé manda pragas aos egípcios. Em outras, Javé se mostra até arrependido de sua criação, como quando ordenou a morte por afogamento de toda a humanidade por meio do dilúvio do qual só escapou a família de Noé e os animais que ele pôs em sua arca – isso antes ainda da aliança feita com Abraão.

Durante essa fase, Javé parece mais preocupado em ameaçar a raça humana para que ela não se desvie de suas instruções. Talvez seja por isso que o pacto de Abraão precisou ser reforçado por outros patriarcas. Caso de Moisés, para quem Deus preferiu escrever diretamente seus mandamentos nas tábuas do profeta, não deixando dúvidas sobre suas intenções.

O fato é que, quando os romanos chegaram a Israel, o deus do Templo de Jerusalém parecia muito mais rigoroso e cheio de exigências que os deuses gregos. Mesmo para os romanos, que admiravam a tradição judaica pela consistência de suas escrituras, a conversão àquele deus era uma tarefa nada fácil. "Como era necessário seguir uma série de regras, que iam da alimentação à circuncisão, poucos romanos eram atraídos para o judaísmo", afirma o historiador André Chevitarese, professor de História Antiga da Universidade Federal do Rio de Janeiro e autor de *Jesus Histórico – Uma Brevíssima Introdução* e *Cristianismos: Questões e Debates Metodológicos* (Editora Kline). Até que, no século 1, o advento de uma nova seita dentro do judaísmo iria tornar Javé popular muito além das fronteiras de Israel.

DEUS CRISTÃO

A nova corrente judaica defendia que Jesus de Nazaré, o galileu que acabara de ser crucificado pelos romanos, era o messias enviado por Javé para cumprir as profecias das escrituras. Não seria exagero dizer que, inicialmente, o cristianismo não passava de uma corrente judaica – ou melhor, uma ala do judaísmo, assim como um partido político tem alas que nem sempre estão afinadas com a presidência. É então que surge uma questão decisiva para o futuro de Jesus e do deus Javé. A pergunta-chave era: os convertidos ao cristianismo que não seguiam os tradicionais rituais judaicos (como a circuncisão) poderiam ser salvos?

Esse foi um dos principais temas discutidos pelos cristãos numa assembleia realizada por volta do ano 49 d.C., mais tarde conhecida pelo nome de Concílio de Jerusalém. Como diz o historiador Paul Johnson em seu livro *História do Cristianismo*, o tal concílio foi o primeiro ato político da História da Igreja. É aí que surge uma figura decisiva para a expansão do cristianismo e, por tabela, da crença do deus único Javé.

O nome dele era Paulo de Tarso, um homem cosmopolita recém-convertido, para quem os traços judaicos do cristianismo estavam arruinando seu trabalho de arrebanhamento de novos cristãos. Como provavelmente falava grego muito bem e era um dos poucos cristãos que conheciam diversas províncias do Império Romano, ele devia ter consciência das dificuldades que seu trabalho teria caso tivesse que obrigar os gentios a seguir as práticas judaicas, principalmente a circuncisão. Para a maioria dos historiadores da religião, se as ideias de Paulo fossem censuradas no Concílio de Jerusalém, talvez o cristianismo permanecesse apenas como mais uma seita judaica, sem conseguir jamais a autonomia responsável pela sua expansão.

Mas a ideia central de Paulo, resumida na frase de que o verdadeiro cristão se justifica pela fé, "e não pelos trabalhos da lei", prevaleceu. Os gentios podiam agora se converter sem tantos empecilhos e o cristianismo ganhou novas fronteiras. "Paulo ajudou a tirar de Jesus a imagem de um messias para o povo hebreu, transformando-o num salvador de todos os povos", diz Chevitarese. Com isso, o deus Javé também deixou de ser um fenômeno regional, ligado apenas ao povo hebreu, para ganhar caráter universal.

Quando, no ano 313, o imperador romano Constantino instruiu os governadores das províncias dominadas por Roma a dar completa tolerância aos cristãos, revogando todos os decretos anticristãos do passado, o cristianismo deu um passo decisivo para se tornar o credo oficial do império. Com a expansão da nova fé, o deus "carrancudo" ganhou uma face completamente diferente, ao menos para os cristãos.

De certa forma, a crucificação de Jesus foi vista como o momento em que Javé sentiu na pele o que é ser humano. Se, no passado, foi Deus que pediu a Abraão que sacrificasse seu filho como prova de sua fé, o cristianismo invertia essa lógica: agora era o próprio Javé que tivera o filho sacrificado como prova de amor. Mesmo as mensagens atribuídas a Jesus nos Evangelhos parecem ressaltar mais o amor divino que a lei divina. "Apesar de não ser correta a ideia de que o cristianismo promovera um rompimento total com a tradição judaica, é inegável que a figura de Cristo passa a imagem de um deus bem mais marcadamente amoroso que no passado", diz Luiz Felipe Pondé, filósofo e professor de Teologia da PUC de São Paulo. "Na tradição judaica, em que Jesus viveu, era claro que o homem devia temer a Deus acima de tudo. Com Jesus, a mensagem passa a ser amar a Deus acima de tudo."

DEUS DO ISLÃ

Para os muçulmanos, o acordo firmado entre Javé e Abraão renovou-se e foi ampliado no século 7, quando o mercador Muhammad (em português, Maomé) teria recebido as revelações de Deus (agora, Alá) por meio do anjo Gabriel (para eles, Jibril) – desta feita, em língua árabe. Mais tarde, as revelações foram reunidas no livro sagrado do Islã: o *Alcorão* (ou recitação, em árabe).

A nova revelação do deus dos judeus e dos cristãos vinha preencher um vazio religioso que havia muito perturbava os povos da Arábia. Até então, a região também era um centro de santuários de culto a diversas divindades. O mais importante desses locais sagrados, em Meca, era a Caaba (que significa "cubo"), e seu objeto especial de veneração era uma pedra preta, fragmento de um meteoro. "Pedras desse tipo eram adoradas pelos árabes nesse tempo em diversas regiões", escreveu o francês Maxime Rodinson na biografia *Mahomet*, sem tradução no Brasil. Ao lado da pedra, havia representações de diversas deusas, e o santuário era uma espécie de parada obrigatória entre os mercadores da região.

Mesmo assim, como escreveu a historiadora Karen Armstrong na biografia *Maomé*, boa parte dos árabes sentia-se um tanto renegada por nunca ter recebido uma mensagem direta e explícita de um único deus, como as revelações contidas nas sofisticadas escrituras judaicas e nos Evangelhos. Por conhecerem as tradições tanto do judaísmo quanto do cristianismo, eles acreditavam que já era hora de Deus enviar um profeta com uma revelação exclusiva para os árabes. As mensagens recebidas por Maomé foram vistas como o momento em que isso aconteceu.

Para os muçulmanos, as mensagens de Deus contidas no Antigo e no Novo Testamento foram revistas e ampliadas com o *Alcorão*, que deve ser consultado no lugar das revelações anteriores. No livro sagrado do Islã, o deus de Abraão volta a ser bem mais específico nos seus mandamentos que as parábolas atribuídas a Jesus nos Evangelhos. Nesse quesito, Alá se torna bem mais próximo do deus da Lei do Antigo Testamento (a *Torá* dos judeus). Entre os 6 326 versículos do *Alcorão*, há desde instruções para o casamento até regras sobre como o governante deve agir na cobrança de impostos.

É provável que esse grau de detalhamento das instruções de Deus seja fruto do momento em que Maomé recebera as revelações. Alá, afinal, transmitiu seus novos mandamentos na época em que o profeta erguia um estado em Meca. A nova palavra de Deus, contudo, foi tão forte que os seguidores do Islã terminaram construindo um império. Pouco mais de 100 anos após a morte do profeta, seus seguidores levaram a mensagem do deus único para a África e para locais distantes no Oriente, como o Afeganistão e o Paquistão.

A expansão do Islã no último milênio – assim como a do cristianismo – fez com que o deus de Abraão vencesse a batalha com os outros deuses e também sobrevivesse a um poderoso inimigo: o mundo científico contemporâneo. Em um tempo em que a narrativa da criação está mais para a explosão caótica do Big Bang do que para o relato do *Gênesis*, ser ateu continua tão impopular que, como diz o cientista britânico (e ateu) Richard Dawkins, autor de *Deus, um Delírio*, os homossexuais parecem ter bem mais facilidade para "sair do armário" que os ateus. Quatro mil anos depois, o velho Javé continua em forma.

A CRIAÇÃO DA BÍBLIA

Para cerca de 2 bilhões de pessoas em todo o mundo, ela conta a história de como Deus criou tudo o que existe. Agora arqueólogos, historiadores e teólogos estão descobrindo como a própria Bíblia surgiu

· RODRIGO CAVALCANTE ·

Edição 28 • Dezembro 2005

"No princípio, Deus criou o céu e a terra." A frase curta, simples e direta – e talvez, por isso mesmo, de uma força avassaladora – está logo na abertura da *Bíblia*, o conjunto de textos mais conhecido do mundo. É quase impossível pensar no Ocidente sem essas narrativas. Seria o mesmo que imaginar o mundo sem as sonatas de Bach, os oratórios de Handel, os afrescos de Giotto, as esculturas de Michelângelo, os quadros de Leonardo da Vinci, as catedrais góticas – nunca é demais lembrar que boa parte dessas obras foi inspirada em textos bíblicos. A própria noção divina de criação, ao menos como a conhecemos, nem sequer existiria – assim como não conheceríamos também o sentimento de pecado original e culpa que lota os consultórios de psicanálise.

Mas, se a versão bíblica da criação é conhecida até por seguidores de outros textos sagrados, como budistas, hinduístas e muçulmanos (no caso dos seguidores do Islã, esses textos teriam sido atualizados e superados pelo *Alcorão*), poucos são os que se perguntam, afinal, como a própria *Bíblia* foi criada.

Durante muito tempo, a maioria dos cristãos (hoje estimados em mais de 2 bilhões) se contentava com uma resposta simples para essa pergunta: a *Bíblia* fora escrita por líderes religiosos inspirados diretamente por Deus, e pronto. "Ainda hoje há uma noção ingênua de que ela praticamente caiu do céu", diz o historiador André Chevitarese, professor de História Antiga da Universidade Federal do Rio de Janeiro e especialista em primórdios do cristianismo. "Poucos se dão conta de que esses textos foram selecionados, escritos, copiados e modificados durante séculos e que, até chegarem às versões atuais, muitos outros manuscritos ficaram de fora."

Após décadas de pesquisas, os especialistas estão conseguindo, finalmente, revelar como os textos sagrados da *Bíblia* foram escritos e editados até se transformarem no livro mais influente do planeta.

AUTORIA COLETIVA

Hoje é fácil identificar quem escreveu um livro. Quase sempre o nome do autor está lá, em letras chamativas, na capa da edição. No caso da *Bíblia*, contudo, a coisa é bem mais complicada. Por muito tempo, a tradição pregava que os textos bíblicos foram escritos por autores claramente identificáveis. A tradição cristã e judaica, por exemplo, costuma reconhecer Moisés como o autor do Pentateuco, os cinco livros que abrem a *Bíblia*. O rei Davi seria autor da maioria dos *Salmos*, Samuel seria autor de *Juízes*, enfim, cada uma dessas obras teria sido escrita por uma pessoa. Mas hoje os estudiosos sabem que, durante o período em que esses textos foram criados, essa ideia de autoria nem sequer existia.

Arqueólogos e historiadores estimam que as primeiras narrativas bíblicas começaram a ser transmitidas oralmente antes do segundo milênio antes de Cristo. Ainda assim, elas só teriam sido compiladas em forma escrita por volta do século 7 a.C. Ou seja: entre a tradição oral e sua reunião em rolos de pergaminho teriam se passado séculos. Para complicar ainda mais a situação, os escribas que copiavam manualmente os pergaminhos ficavam à vontade para fazer correções, adições e inserções no texto, de acordo com a inclinação religiosa de sua comunidade. A *Bíblia* seria, no final, uma obra de autoria coletiva a partir de antigas narrativas orais. "Acostumados com a moderna noção de autoria, essa ideia parece hoje estranha para muitos leitores", diz o pesquisador John William Rogerson em seu livro *An Introduction to the Bible* (no Brasil, traduzido como *O Livro de Ouro da Bíblia*). Mas como seria possível provar que a *Bíblia* foi escrita dessa maneira?

Durante muito tempo, a resposta estava na análise dos próprios textos. Segundo os especialistas, até um leitor comum poderia identificar, na repetição de vários trechos, essa autoria coletiva. Esse seria o caso, por exemplo, da narrativa do Dilúvio, no capítulo 6 do *Gênesis*. Com uma distância de poucas linhas, há trechos praticamente idênticos, como os dois a seguir: "Iahweh (Deus) viu que a maldade do homem era grande sobre a terra, e que era continuamente mau todo desígnio de seu coração"; "Deus viu a terra: estava pervertida, porque toda a carne tinha uma conduta perversa sobre a terra."

A repetição acima não seria, como já se chegou a cogitar, um artifício literário para reforçar o conteúdo do texto – e sim a fusão de duas narrativas distintas sobre o mesmo tema, assim como um editor de jornal pode escrever um artigo com base em reportagens de vários jornalistas. Até meados do século passado, conclusões como essa só podiam ser feitas a partir de textos relativamente recentes. Desde então, uma série de descobertas arqueológicas revolucionou a pesquisa sobre as origens da *Bíblia*, fazendo com que os historiadores pudessem ter acesso a pergaminhos com mais de 2 mil anos, em um tempo em que não existia nem o chamado Novo Testamento.

PRIMEIROS TEXTOS

Imagine se você pudesse voltar no tempo e ler os textos sagrados que existiam na antiga Palestina antes de Jesus nascer – ou mesmo durante a vida dele. Foi isso o que aconteceu em 1946, quando, ao procurar uma cabra perdida em uma gruta nas proximidades do Mar Morto, o pastor Mohamed Adh-Dhib encontrou, por acaso, jarras de cerâmica com escrituras sagradas em peles e papiros que foram datadas do século 3 a.C. até o ano 68. Eram os chamados Manuscritos do Mar Morto, considerados a mais importante descoberta da moderna arqueologia bíblica.

No total, foram encontrados 15 mil fragmentos de texto, a maioria em hebraico, a língua em que as primeiras narrativas bíblicas foram escritas. Mais tarde, os pesquisadores descobriram que as grutas funcionavam como uma espécie de biblioteca. Logo que começaram a ser traduzidos, os pergaminhos provocaram uma verdadeira revolução na pesquisa dos primórdios da *Bíblia*. “Eles revelaram a diversidade de textos do período entre as várias correntes religiosas que existiam dentro do judaísmo”, diz Paulo Nogueira, professor de Literatura Bíblica da Universidade Metodista de São Paulo. “Além disso, os manuscritos trouxeram à luz textos religiosos até então desconhecidos.”

Entre esses textos, estava uma narrativa apocalíptica sobre uma guerra entre “Os Filhos da Luz e os Filhos da Escuridão”, além de um “Manual de Disciplina”. Os pesquisadores atribuíram os textos aos essênios, seita judaica radical cujos seguidores viviam distantes do judaísmo oficial do Templo de Jerusalém, seguindo regras que incluíam a renúncia de todo bem material, assim como de toda forma de prazer carnal. Por adotarem esse estilo de vida, há pesquisadores que creem que João Batista e o próprio Jesus teriam tido contato com os essênios.

Polêmica à parte, a descoberta dos pergaminhos levou os estudiosos a concluir que não havia apenas uma coleção de textos sagrados. De acordo com a direção religiosa de cada grupo judaico do período, outros textos podiam ser copiados em rolos de pergaminho. Alguns deles, contudo, traziam versões parecidas com o que se conhece hoje. É o caso, por exemplo, dos trechos do Pentateuco, os cinco livros que abrem o que os cristãos chamam de Antigo Testamento e que os judeus chamam de *Torá*, a "Lei" (fazem parte do Pentateuco *Gênesis, Êxodo, Levítico, Números* e *Deuteronômio*). "Esses textos eram a base de qualquer biblioteca judaica", diz Nogueira.

Apesar das mudanças feitas com o passar do tempo, a essência dessas narrativas foi preservada. Após a queda dos reinos de Israel e Judá entre os séculos 8 e 6 a.C., quando milhares de judeus partiram para o exílio, surgiram as primeiras traduções dos textos bíblicos para outras línguas. A partir daí, narrativas como as do *Gênesis* escaparam das fronteiras da Palestina para o mundo.

A mais famosa dessas traduções foi feita por volta do século 3 a.C. para a língua grega, o idioma mais influente na época. A tradução foi encomendada para a Biblioteca de Alexandria, o mais importante centro cultural do período. Como há uma lenda dizendo que o trabalho foi obra de 72 tradutores judeus para o governante egípcio Ptolomeu II, essa versão ficaria conhecida como a Septuaginta, ou LXX (70, em algarismos romanos), que ainda hoje é a base da *Bíblia* usada pela Igreja Ortodoxa Grega. Essa versão da Bíblia Hebraica para outro idioma geraria a primeira grande polêmica envolvendo as traduções.

O *Talmude*, livro de tradições judaicas que reúne textos escritos entre os séculos 2 e 5, narra a confecção da Septuaginta: "O dia foi tão doloroso quanto o dia em que o bezerro de ouro foi construído, pois a *Torá* não poderia ser acuradamente traduzida". Segundo a tradição judaica, "as trevas cobriram a Terra durante três dias".

A primeira tradução realmente continha diferenças, a partir dos próprios nomes dos livros do Pentateuco. No hebraico, o primeiro se chamava *Bereshit* ("No princípio"). Na versão em grego foi renomeado de *Gênesis*, que quer dizer "origem". *Shemôt* ("Nomes", em hebraico), o segundo, virou *Êxodos*, ou "saída". O terceiro livro, chamado *Vaicrá* ("Ele chama") ou *Sêfer Torat Cohanim* ("Livro dos sacerdotes"), recebeu o nome de *Levitikon* ("Descendentes de Levi"). *Bamibdar* ("No deserto"), também chamado *Humash Hapercudim* ("Livro dos censos"), virou *Arithmoi* em grego, ou *Números* em português. Por fim, *Dvarim* ("Palavras") ou *Misné Torá* ("Segunda Torá") virou *Deuteronomos* (deutéros = segundo / nomos = lei). Além da versão em grego, havia traduções para o aramaico, a língua corrente na antiga Palestina na época do nascimento de Jesus. Por isso mesmo, os pesquisadores dizem que Jesus pode ter tido acesso a essas escrituras.

Se Jesus teve ou não acesso aos textos bíblicos, ninguém sabe – há estudiosos que defendem que, por ter nascido em uma família pobre, ele nem sequer sabia ler. A única coisa certa é que, após a sua morte, novos textos iriam ser escritos por seus seguidores. Dali em diante, os textos sagrados de judeus e cristãos iriam se separar, e a *Bíblia* ganharia o que seria mais tarde chamado de Novo Testamento.

BÍBLIA D.C.

Após a pregação de Jesus, seus seguidores tiveram que lidar com uma questão nada fácil: os antigos escritos sagrados continuam valendo, ou foram anulados pela mensagem do Cristo? A resposta dos primeiros cristãos não poderia ter sido mais habilidosa. Por um lado, ficou acertado que as antigas escrituras tinham, sim, validade, como prova da aliança firmada entre Deus e o povo hebreu. Por outro, a mensagem de Jesus teria criado um novo pacto, já que o próprio Deus havia enviado seu filho para ser crucificado e assim redimir os pecados da humanidade.

Essa nova mensagem é a base dos quatro evangelhos, livros que foram incluídos na Bíblia junto com outros textos cristãos, no que passou a ser chamado de Novo Testamento. Mesmo quem não é cristão já ouviu falar dos evangelhos de Marcos, Lucas, Mateus e João. Mas poucos são aqueles que ouviram falar, por exemplo, do Evangelho de Tomé, uma das muitas narrativas sobre Jesus que ficaram de fora.

Encontrado em 1945, na aldeia de Nag Hammadi, no Egito, o Evangelho de Tomé fascina os historiadores pelo seu formato completamente diferente do dos outros evangelhos. Praticamente não há narração. Tampouco há qualquer menção a eventos como a anunciação, a infância, os milagres ou a ressurreição de Jesus, mas apenas uma coletânea de 114 ditos atribuídos diretamente a ele. Quem o lê tem a sensação de estar ouvindo frases de um sábio, sem interpolações. Por que, então, o Evangelho de Tomé foi excluído da versão definitiva?

"O Evangelho de Tomé não trata do Jesus ressuscitado, um dos pilares da ala mais forte da Igreja liderada por Paulo de Tarso", diz o pesquisador André Chevitarese. "A decisão do que entra ou não no cânon, afinal, sempre foi uma questão de poder." Na prática, o cânon é uma espécie de lista oficial de livros considerados de inspiração divina e reconhecidos como tal por autoridades eclesiásticas. (O termo "cânon", de origem grega, deriva da palavra semita ganu, "vime", utilizado para construir cestos e também como medida de comprimento – e, por extensão, significa norma, lei.)

O manuscrito mais antigo que contém a íntegra do Novo Testamento foi achado em 1844, em um mosteiro no Monte Sinai, e data do século 4. Escrito em grego, ele é uma evidência de que o cânon já estava praticamente fechado nesse período. Além disso, o manuscrito tem o formato de códice, o ancestral do livro moderno, revelando a preferência dos cristãos pelo uso da nova tecnologia no lugar dos velhos rolos de papiro ou pergaminho. Segundo os pesquisadores, o uso do códice foi uma vantagem na difusão dos textos cristãos, tornando-os mais fáceis de serem manuseados em comparação aos antigos rolos. A "nova mídia" possibilitava também, pela primeira vez, a inclusão de todas as escrituras em um único volume, o que deu unidade à narrativa bíblica.

Com a conversão do imperador romano Constantino ao cristianismo, no século 4, o centro da nova religião se desloca do Oriente Médio para Roma. Nada mais natural, então, que os textos sagrados ganhem uma versão em latim, a língua do império. A tarefa é dada a São Jerônimo, que, em 405, cria a versão conhecida como Vulgata, traduzida com base na versão em grego e em textos hebraicos.

Durante a Idade Média, a Vulgata seria a base das edições da *Bíblia*, reconhecida até hoje como texto oficial da Igreja Romana. Nos mais de mil anos que separam a versão de Jerônimo da primeira *Bíblia* impressa de Gutemberg, em 1455, a única forma de difundir os textos sagrados eram as cópias à mão, tarefa quase exclusiva de monges especialistas. Fora a possibilidade de erros no entendimento da letra alheia, os copistas se especializaram em tornar o texto mais agradável aos reis, cardeais e poderosos de ocasião: surgiram assim diferenças entre as versões francesa, de Flandres e outras. Eram, em sua maioria, trocas de palavras ou supressões de trechos considerados impróprios ou imorais – ou simplesmente erros. Na Espanha, por exemplo, o termo "infiel" era usado para os babilônicos, para associá-los aos muçulmanos, inimigos na briga pelo controle da Península Ibérica. Em 1441, durante o Concílio de Ferrara-Florença, eram tantas e tão diferentes versões que a *Bíblia* trazida pela missão francesa tinha 340 páginas a mais do que a versão dos espanhóis.

A REFORMA

Depois da Reforma Protestante, em 1522, Martinho Lutero publica a famosa tradução em alemão do Novo Testamento, a primeira feita em uma língua europeia moderna, a partir do grego e do hebraico. Em 1534, ele publica a tradução completa da *Bíblia* para o alemão. Nela, houve uma supressão na escolha dos textos que até hoje faz com que a *Bíblia* de católicos e de protestantes seja diferente.

Para escrever sua versão do Antigo Testamento, Lutero se baseou apenas no cânon da Bíblia Hebraica, que não incluía os livros do Antigo Testamento conhecidos pela Igreja Católica como deuterocanônicos (*Tobias, Judite, Sabedoria, Eclesiástico, Baruque, Macabeus I e II, partes de Daniel e Ester*), chamados assim por terem sido reconhecidos somente após a canonização dos outros livros do Antigo Testamento. Já que não havia uma versão hebraica desses textos,

Lutero não os reconheceu (apesar de considerá-los uma leitura edificante), e até hoje eles são considerados apócrifos (não inspirados por Deus) pelos protestantes.

Desde então, com a proliferação das técnicas de impressão mecânica, a *Bíblia* já foi traduzida para mais de 250 línguas – as primeiras versões em língua portuguesa apareceram no século 18. Entre as edições modernas, há tantas versões diferentes do livro que os pesquisadores preferem falar de bíblias, no plural, no lugar de *Bíblia*, no singular. Eles lembram que a edição que você tem em casa, dependendo da tradução e da linha teológica que segue, pode ser diferente de outra edição. E essa diferença não se restringe apenas a nuances do texto e de traduções. Católicos, protestantes e seguidores da Igreja Ortodoxa até hoje não chegaram a um consenso sobre se alguns textos devem ou não ser considerados sagrados.

No século 20, surgiu até uma adaptação em linguagem moderna, baseada nas teorias gramaticais do pesquisador Noam Chomsky. Com o objetivo de provocar nos leitores modernos o impacto que o texto original teria causado, o Salmo 1, por exemplo, mudaria de "Feliz o homem que não vai ao conselho dos ímpios, não para no caminho dos pecadores..." para "Felizes aqueles que rejeitam os conselhos de homens maus, que não seguem o exemplo de pecadores".

Deixando de lado as diferenças, a *Bíblia* continua, em pleno século 21, encabeçando a lista dos livros mais influentes do mundo. São publicados, anualmente, mais de 11 milhões de versões do texto integral, 12 milhões de Novos Testamentos e 400 milhões de brochuras com trechos de textos bíblicos. Como diz o escritor americano Jack Miles, autor de *Deus, uma Biografia*, a *Bíblia* criou um ideal de caráter humano e divindade que vem moldando os homens por séculos. Até mesmo aqueles que não acreditam nela ou em Deus.

O PATRIARCA DA FÉ

Há 4 mil anos, um homem fundou as bases das três grandes religiões monoteístas do mundo: o judaísmo, o cristianismo e o islamismo. Ao aderir a um único Deus, Abraão tornou-se o pai simbólico de 3,5 bilhões de fiéis

· TIAGO CORDEIRO ·

Edição 77 • Dezembro 2009

Das 7,3 bilhões de pessoas que habitam o planeta, cerca de 2,2 bilhões são cristãs. Aproximadamente 1,6 bilhão são muçulmanas e 16 milhões seguem os preceitos do judaísmo. Juntas, as denominações compõem a metade da população mundial. São também o pano de fundo de conflitos sangrentos há vários séculos. Para citar apenas dois: as cruzadas e os atentados de 11 de setembro de 2001. De certa forma, são brigas de família. As três grandes religiões monoteístas têm o mesmo pai. Um homem que vagou pelo Oriente Médio e pelo norte do Egito há 4 mil anos. Que optou por seguir um só Deus e cujos dois primeiros filhos fundaram dois povos: os hebreus e os árabes. Seu nome é Abraão. Sua descendência moldou o Ocidente e foi determinante para forjar o mundo tal qual o conhecemos.

O primeiro relato sobre ele está no *Gênesis*, que inicia a *Torá* judaica e a *Bíblia* cristã. Intérpretes do texto consideram que o patriarca era um pastor seminômade que viveu entre 2100 e 1800 a.C. Tribos costumavam circular entre as principais cidades da Mesopotâmia para vender o couro, o leite e a carne de seus rebanhos.

Não há provas da existência de Abraão. Várias gerações de arqueólogos reviraram, sem sucesso, as terras do Egito ao Irã. "A arqueologia não encontrou sinais dele nem de qualquer pessoa relacionada ao patriarca", afirma o americano Ron Hendel, professor de Estudos Judaicos da Universidade da Califórnia. A esta altura, isso pouco importa. "A verdade desse relato não está em sua historicidade, mas no impacto sobre o judaísmo, o cristianismo e o islamismo", diz Karl-Josef Kuschel, professor de Teologia da Universidade de Tübingen, na Alemanha.

O *Gênesis* é uma edição das narrativas orais do povo hebreu, compiladas entre os séculos 7 a.C. e 5 a.C. "Os patriarcas representam os heróis do povo. Provavelmente são uma junção de diversas pessoas reais, reunidas em uma única personalidade a fim de criar um relato das origens dos hebreus", afirma o arqueólogo Israel Finkelstein, professor da Universidade de Tel-Aviv. Apesar dos 1 500 anos que separam a autoria do texto dos tempos de Abraão, vários detalhes sobre o cotidiano da época são exatos – como o hábito de usar escravas para gerar descendentes, em caso de infertilidade da esposa. Outros trechos das escrituras denunciam o momento em que foram redigidas – por exemplo, o uso de camelos como meio de transporte (eles só seriam domesticados perto de 1100 a.C.).

Abraão ocupa 14 capítulos do texto. Quando sua história começa, ele já tem idade avançada. "A maioria dos personagens importantes da *Bíblia* é apresentada como criança. Jacó e Esaú brigam no ventre da mãe. Moisés é encontrado em um cesto no Rio Nilo. Davi luta contra Golias. O patriarca tem 75 anos antes que qualquer coisa aconteça com ele", diz o escritor Bruce Feiler no livro *Abraão – Uma Jornada ao Coração de Três Religiões*. No primeiro capítulo do *Genêsis* a seu respeito, ele se chama Abrão, filho de Terá, casado com sua meia-irmã Sarai, dez anos mais nova. "Ele é a personificação do vazio: não tem infância nem descendentes", afirma Feiler. Um detalhe o diferencia: o pastor é a décima geração depois de Noé e a vigésima após Adão e Eva.

Pouco antes de morrer, Terá deixa a cidade natal de Abrão, que a escritura chama de Ur dos Caldeus, e se muda com a família para os arredores de Harã. Depois que Terá morre, com 205 anos (isso mesmo, os personagens da narrativa são extraordinariamente longevos), Deus determina novo rumo para a vida do pastor. O patriarca, que agora é responsável pelos negócios da família, ouve a voz de Javé, que promete: "Sai da tua terra, da tua parentela e da casa de teu pai e vai para a terra que te mostrarei. Eu farei de ti um grande povo, eu te abençoarei, engrandecerei teu nome. Sê tu uma bênção". E Abrão se muda para Canaã com a esposa e o sobrinho, Ló.

ISMAEL E ISAAC

Um período de seca faz o grupo seguir para o norte do Egito. Ali, com medo de ser morto para que Sarai seja forçada a se casar novamente, ele pede que a esposa se passe por sua irmã solteira. Ela acaba incorporada ao harém do faraó, mas Javé lança pragas sobre o Egito como punição. O monarca descobre a origem do problema, devolve a mulher ao pastor e expulsa a família do país.

Abrão segue uma vida seminômade, marcada pelo comércio, pela eterna busca por melhores terras e pelo conflito militar contra os reis que sequestram Ló. Enquanto isso, Javé repete suas promessas. Para selar um pacto com esse único Deus, o pastor chega a sacrificar uma cabra, um bezerro e um carneiro. Mas o filho não vem. Cansada de esperar, Sarai diz a Abrão que tenha seu herdeiro com Agar, uma escrava egípcia do clã. Ele obedece e a mulher dá à luz Ismael. Quando o pastor completa 99 anos, Deus volta a se comunicar. Ordena que o casal mude os nomes para Abraão e Sara e orienta o patriarca a fazer a circuncisão em si e em todo o clã – incluindo Ismael, que já tem 13 anos.

Tempos depois, três anjos aparecem para o casal. Mesmo sem saber quem são, Abraão os recebe com hospitalidade. Quando se identificam, voltam a lhe prometer um filho. Escondida, Sara ouve a conversa e ri de descrença. Mas eis que, enfim, engravida e tem Isaac. Para garantir a herança ao garoto, ela convence o marido a expulsar Agar e Ismael. Abraão agora tem descendentes, mas Javé decide que ele precisa passar por um último teste de fé. De acordo com o *Gênesis*, diz ao patriarca: "Toma agora o teu filho, o teu único filho, Isaac, a quem amas, e vai à terra de Moriá; e o oferece ali em holocausto sobre uma das montanhas". Mais uma vez obediente, ele forma uma comitiva com Isaac e dois empregados e caminha por três dias. Ao chegar perto do monte indicado por Deus, afasta-se com o filho. O rapaz, então, pergunta ao pai onde está o animal a ser sacrificado. A resposta é enigmática: "Javé proverá". Numa pedra no alto do morro, ele o amarra e coloca sobre uma pilha de lenha. Quando empunha o cutelo contra Isaac, um anjo aparece e o contém: "Abraão! Não estendas a tua mão sobre o moço e não lhe faças nada; agora sei que temes a Deus e não negaste o teu filho".

Com esse gesto de fé absoluta, o patriarca conquista em definitivo o status para fundar as novas nações. Nas décadas seguintes, ele começa a preparar o futuro de sua descendência. Negocia o casamento de Isaac com a prima Rebeca e acompanha o crescimento de seus netos, Esaú e Jacó. Sara morre com 127 anos, e o viúvo ainda tem tempo de se casar de novo. Ele se une a Quetura, com quem tem outros seis filhos: Zinrã, Jocsã, Medã, Midiã, Isbaque e Suá. Nenhum deles tem direito ao espólio do pai. Ao morrer, Abraão tem 175 anos e é um líder tribal respeitado. O pastor é enterrado ao lado de Sara pelos filhos Isaac (que já tem 76 anos) e Ismael (de 89).

DUAS NAÇÕES

Segundo as escrituras, a fé e a obediência inabaláveis fizeram Abraão especial. "Para judeus, cristãos e muçulmanos, a fé é definida como a confiança incondicional em Deus. Nesse sentido, para as três religiões, Abraão é o modelo e a própria definição da fé. Essa característica faz dele o patriarca das três religiões que se originam de dois grandes povos", afirma Karl-Josef Kuschel. Segundo a tradição, Isaac deu início aos hebreus, e entre seus descendentes diretos estão o profeta Moisés, os reis Davi e Salomão e... Jesus Cristo. No *Evangelho de Lucas,* Maria, a mãe de Jesus, canta ao Senhor que "falou a nossos pais, a Abraão e a seus descendentes para sempre". Diz Kuschel: "Nos relatos dos Evangelhos, Jesus se posiciona como legítimo descendente da tradição de Abraão. Seus primeiros seguidores, em especial São Paulo, o chamam de pai. Depois, no século 4, ele é finalmente incorporado à teologia cristã por Santo Agostinho".

Já a origem dos árabes está ligada a Ismael. No século 7, um de seus descendentes diretos é chamado pelo anjo Gabriel (ou Jibril) para ouvir a recitação da mensagem de Alá. Durante 23 anos, o mercador Muhammad ibn Abdallah, ou Maomé, recebe e transmite para seus seguidores o *Alcorão*, que seria compilado nos anos seguintes à sua morte, em 632. Nas 114 suratas (capítulos) da versão final da obra, Abraão, ou Ibrahim, é mencionado 25 vezes. "O *Alcorão* acrescenta informações sobre ele, difundidas pela tradição oral judaica, e reinterpreta alguns aspectos de sua vida, em especial o papel de Ismael", diz John Vol, especialista em islamismo da Universidade de Georgetown, nos Estados Unidos.

Para entender as histórias do texto sagrado muçulmano, é preciso retomar o contexto em que surgiram os hebreus. Depois que o *Gênesis* foi compilado, vários outros relatos orais surgiram para preencher as lacunas da vida de Abraão, em especial sua infância.

Todos descrevem o patriarca como um monoteísta convicto, que luta contra a tradição politeísta de seu pai, Terá. Um desses relatos conta que a família tinha uma loja com várias estátuas de diferentes deuses. Certa vez, Abraão usa um machado para quebrar todas, exceto a maior. Chocado, seu pai pergunta por que ele fez isso. O rapaz diz que os próprios deuses se destruíram lutando entre si, e que o vencedor foi o único que permaneceu intacto. Quando Terá afirma que as estátuas não seriam capazes de se mover, ele contra-argumenta: "Se esses deuses não são vivos, não faz sentido adorá-los".

Outra narrativa, registrada por volta do século 2 a.C. no *Livro dos Jubileus*, complementa a história. Inconformado com a rebeldia do filho, Terá o denuncia ao rei local. Abraão é condenado a morrer na fogueira, mas acaba salvo por Javé. Por três dias, fica no fogo sem se queimar: a praça da cidade é tomada por uma enorme poça de água que brota do chão e neutraliza a fogueira. Também são comuns as descrições sobre a vida do patriarca no céu. De acordo com os relatos reunidos no século 1 no livro *Apocalipse de Abraão*, ele ganha o direito de conhecer o Jardim do Éden.

IBRAHIM

O *Alcorão* faz referência a algumas histórias sobre a infância de Ibrahim, com ênfase na sua crítica à idolatria e à fabricação de ídolos. Mas, principalmente, dá novo valor à trajetória de Ismael, ou Isma'il. O texto, que em nenhum momento menciona Agar ou Sara, cita o episódio do sacrifício sem se referir ao lugar ou ao nome do filho. Numa passagem, o patriarca diz: "Ó filho meu, sonhei que te oferecia em sacrifício". Quando Ibrahim demonstra que vai se submeter à ordem divina, outro filho lhe é prometido, Isaac. Por isso, a maioria dos muçulmanos acredita que Ismael foi o menino quase oferecido. "A palavra 'Islã' significa 'rendição incondicional', e não existe exemplo maior de submissão à vontade de Alá que o do filho que se deixa sacrificar", afirma Karl-Josef Kuschel.

Intérpretes judaicos discordam. "O texto bíblico claramente menciona Isaac", diz o rabino Samy Pinto, doutor em Letras Orientais pela

Universidade de São Paulo. Trata-se de diferença importante, construída principalmente sobre relatos não canônicos. Essas duas tradições deixaram marcas muito concretas e ainda são fonte de conflito.

Para os muçulmanos, a imolação ocorreu em Meca – e é relembrada todos os anos, na Eid ul-Adha, a Cerimônia do Sacrifício. Entre os judeus, o episódio é lido na celebração do Ano-Novo. Para eles, o momento em que Abraão passa no teste final de Javé aconteceu em uma pedra localizada no monte Moriá, onde hoje está Jerusalém. Sobre ela, por volta de 1000 a.C., o rei Davi ergueu um altar e Salomão construiu um grande templo em 960 a.C. O edifício foi destruído em 586 a.C., reerguido e mais uma vez derrubado durante a revolta judaica contra os romanos, no ano 70 d.C. Os restos da construção formam o Muro das Lamentações, e a pedra do sacrifício fica no Domo da Rocha – por onde Jesus teria passado quando atacou os comerciantes do templo e onde Maomé estaria quando foi elevado aos céus. Outro local em que as sutilezas das narrativas se tornam explosivas é a Tumba dos Patriarcas, em Hebron. Lá, diz o costume, estão enterrados Abraão, Sara, Isaac e seu filho Jacó.

As diferenças na interpretação do legado do patriarca criam uma névoa que cobre o fato mais básico a respeito de sua vida: na essência, ambas as tradições, a judaico-cristã e a muçulmana, têm a mesma origem. "O povo escolhido começa em Ismael ou em Isaac? Essa é a grande luta do mundo ocidental", diz o rabino Samy Pinto. Os 3,5 bilhões de filhos de Ismael e de Isaac ainda hoje disputam o melhor espaço nesta enorme casa monoteísta, erguida há 4 mil anos por Abraão.

A FORÇA DA PALAVRA

Como uma seita que reunia um punhado de adeptos na periferia do Império Romano se tornou a maior religião do planeta

EDUARDO SZKLARZ

Edição 137 • Dezembro 2014

No século 1, quando o Império Romano estirava seus domínios por toda a costa do Mediterrâneo, uma pequena comunidade de pobres e marginalizados começou a florescer no Deserto da Galileia. Eles viviam numa espécie de comunismo, distribuindo roupa, remédios e comida a quem necessitava. E seguiam à risca o espírito de caridade e amor ensinado por seu mestre, Jesus de Nazaré.

A Palestina vivia um período conturbado. Em meio à crescente hostilidade romana, profetas judeus cruzavam o deserto anunciando que o Reino de Deus estava próximo. Jesus foi um deles. Sua procissão irrompeu em Jerusalém ao redor do ano 30 e chamou a atenção de Roma, que via esse tipo de atitude como afronta ao seu poder. Jesus recebeu a pena capital mais degradante que os romanos impunham aos rebeldes: a crucificação. Mas seus seguidores se convenceram de que ele havia ressuscitado da tumba. E decidiram espalhar a fé em Cristo, o Messias, que em breve voltaria para julgar a humanidade e inaugurar uma era de paz, igualdade e justiça.

Só que a chance de sucesso deles era praticamente zero. A começar pelo deserto escolhido como palco inicial da missão. Para ter uma ideia, a província da Judeia ficava na periferia do Império Romano. E a empobrecida Galileia, mais ao norte, era a periferia da periferia. Como esse movimento de excluídos se tornou a religião oficial de Roma? De que maneira o cristianismo conquistou o coração do mundo antigo, que lhe serviu de trampolim para atingir os 2,2 bilhões de fiéis que tem hoje? É o que veremos nesta reportagem.

OS JUDEUS CRISTÃOS

O cristianismo nasceu em meio ao tumulto. Pôncio Pilatos assumiu o governo da Judeia, no ano 26, zombando do monoteísmo judaico. Inclusive espalhou retratos de César por Jerusalém. Isso gerou o temor de um novo ataque ao Templo, que havia sido destruído em 586 a.C. pelo rei babilônio Nabucodonosor. E aprofundou a sensação de apocalipse: os rabinos diziam que um rei da linhagem de Davi inauguraria o Reino de Deus. Chamavam-no de *mashiah* (*christos*, em grego), que significa "ungido", já que Davi havia sido ungido com óleo. Mas, em vez de se juntar contra os romanos, os judeus estavam divididos em suas próprias seitas. Os saduceus, por exemplo, eram aristocratas e conservadores. Os fariseus, mais populares, eram abertos a ideias novas, como a ressurreição dos mortos e à versão oral da *Torá* (o livro sagrado judeu). Os essênios viviam como se o fim dos tempos já tivesse começado: moravam em comunidades isoladas, que faziam refeições em conjunto seguindo estritas leis de pureza. Já os zelotes, mais radicais, defendiam a luta armada contra Roma.

Foi nesse clima de confusão que surgiu uma nova facção judaica, a dos seguidores de Cristo. "A Igreja de Jerusalém não era uma Igreja separada, e sim parte do culto judaico. Não tinha seus próprios sacrifícios nem lugares, momentos sagrados ou sacerdotes", diz o historiador britânico Paul Johnson no livro *História do Cristianismo*. "Para muitas pessoas ela era um pouco mais que uma seita judaica piedosa, humilde e inclinada à caridade."

Assim como os essênios, os judeus cristãos se reuniam para comer e rezar juntos. Pertenciam a camadas sociais empobrecidas, uma espécie de proletários da época. Seu líder era Tiago, irmão de Jesus. Mas essa nova seita estava em perigo, pois podia ser reabsorvida pelo judaísmo ou desaparecer em meio às disputas entre as facções. Era natural que o movimento se abrisse aos gentios para difundir a fé em Cristo.

A pregação dos valores cristãos teve início na Galileia, a terra natal de Jesus, no norte de Israel. Missionários iam ao encontro de necessitados, sem distinguir sua classe ou sua origem. E, além de converter gentios, o movimento também atraiu essênios e fariseus para suas fileiras. Mas alguns proselitistas logo perceberam que não teriam futuro ali. Deveriam ampliar o seu raio de ação se quisessem prosperar.

AS VIAGENS DE PAULO

Por volta do ano 50, quase duas décadas após a morte de Jesus, a mensagem cristã ganhou o mundo. E talvez o principal responsável por sua difusão seja Saulo, um homem que não conheceu Jesus, vivia fora da Palestina e falava grego – língua que Cristo provavelmente desconhecia.

Oriundo de Tarso (atual Turquia), Saulo parecia destinado a seguir no seio do judaísmo. Havia até perseguido cristãos. Mas se converteu à nova fé supostamente após ter uma visão. Passou a ser conhecido como Paulo, o apóstolo, e realizou longas viagens ao redor do Mediterrâneo para pregar a crença no Filho de Deus. Enquanto pregava, Paulo escrevia epístolas. Dos 27 livros do Novo Testamento, 14 são atribuídos a ele – embora só sete sejam de sua autêntica autoria. Certo é que converteu multidões e aproximou a fé cristã do centro do Império. O crescimento não era pacífico e houve cismas entre os cristãos. O grupo de Jerusalém, liderado por Tiago, aproximou-se do judaísmo e do nacionalismo dos zelotes. O grupo da diáspora, de Paulo, não queria se manter atado à busca de um Estado judaico. Paulo era cidadão romano e sabia que o messias judeu nada significava a seus conterrâneos. Por isso, processou o monoteísmo judaico dando-lhe uma feição universal.

Em 49, os dois polos se reuniram em Jerusalém para tentar um acordo. "O Concílio foi um fracasso. Delineou um consenso, mas foi impossível levá-lo à prática", diz Johnson. Jerusalém via Paulo como um personagem externo. Muitos nem o reconheciam como apóstolo. Tiago morreu em 62. Jerusalém vivia o auge da crise.

Em 64, o procurador romano Floro pilhou o Templo e os judeus revidaram atacando a pequena guarnição romana da cidade. Roma enviou mais tropas, e os zelotes deflagraram uma revolta que durou quatro anos. Em 70, o imperador Vespasiano arrasou o Templo. O historiador antigo Flávio Josefo fala em 1,5 milhão de mortos – um exagero, mas que expressa a dimensão da tragédia. Os judeus nunca reconstruíram o santuário.

"O que assegurou a sobrevivência do cristianismo não foi o triunfo de Paulo, e sim a destruição de Jerusalém – e, com ela, a destruição da fé judaico-cristã", diz Johnson. Para os cristãos, a tragédia significou que os judeus haviam perdido o elo com Deus. E eles agora ocupariam esse lugar. "O cristianismo se tornou um partido dos gentios, hostil ao judaísmo", diz o historiador Luiz Alberto Moniz Bandeira. O legado da mensagem de Jesus – a Igreja de Jerusalém – perdeu força. O sistema paulino prevaleceu. Agora o objetivo era chegar até Roma.

CRISTÃOS NO IMPÉRIO

O movimento de Jesus com Jesus era uma coisa. Já o movimento de Jesus sem Jesus era outra bem diferente. Para começar, o primeiro grupo falava aramaico e o segundo, grego. Aliás, não era só um grupo, mas uma porção de pequenas comunidades disseminadas pela bacia do Mediterrâneo. E cada uma delas produzia seus próprios textos sobre Jesus. "Havia uma tradição oral compartilhada em algumas dessas comunidades. Mas os retratos de Jesus – e os relatos sobre o que ele disse e sobre o que ele fez – são muito amplos", diz André Chevitarese, professor do Instituto de História da Universidade Federal do Rio de Janeiro. "Paulo, por exemplo, nunca menciona o fato de Jesus ter feito milagres para curar pessoas. Já os Evangelhos falam que Jesus curou pessoas. E, quando se analisa que curas são essas, as descrições dos Evangelhos são diferentes entre si." Ou seja: o movimento de Jesus sem Jesus foi multifacetado. E, por isso mesmo, as relações daquelas comunidades com o Império Romano variaram muito. Parte do mosaico cristão aceitou negociar com os cônsules, procônsules e senadores romanos. Outra se negou a conversar com os representantes do Império.

A parte que negociou levou a melhor: seus escribas decidiram quais livros entrariam para compor o Novo Testamento – daí ser conhecida como "ortodoxia". Já os cristãos que não quiseram trocar figurinha com Roma ficaram conhecidos como "heterodoxos" ou "hereges". Eles seriam alvo de perseguição da Igreja Católica nos séculos seguintes.

Com o contato crescente entre a ortodoxia cristã e Roma, o Império começou a assimilar a nova experiência religiosa. Ao mesmo tempo, a ortodoxia incorporou estruturas de organização romanas. Nos séculos 2 e 3, a Igreja já apresentava uma hierarquia. Havia bispos no topo, líderes intermediários e um rebanho de fiéis. Existia também uma clara divisão de gênero, já que a liderança era sobretudo masculina.

"No fundo, o que está sendo dito na época? Que Jesus vai voltar e, enquanto ele não voltar, precisamos existir. Para existir, precisamos deixar o gueto. Então há uma aceitação de todas as injustiças que o mundo apresenta", diz Chevitarese. "O Reino de Deus é centrado na justiça social e na participação igualitária de homens e mulheres. Mas, enquanto Jesus não volta, a injustiça e a fome fazem parte deste mundo. E a gente tem que conviver com elas. As hierarquias também fazem parte do mundo. Esse é o processo de negociação."

Para a ortodoxia, negociar foi uma forma de sobreviver e se multiplicar num ambiente hostil. A bacia do Mediterrâneo estava repleta de religiões de todo tipo. Os cristãos bem que podiam ter suas igrejas, mas volta e meia sofriam discriminação. A doutrina da eucaristia, por exemplo, era vista pelos romanos como canibalismo. Pregadores rivais da Igreja chamavam cristãos de "malditos" e "conspiradores".

Pior: o movimento de Jesus era alvo de perseguições ocasionais. O bispo Eusébio de Cesarea, um dos primeiros historiadores do cristianismo primitivo, cita uma carta do ano 177 que narra um surto de violência pagã. Segundo o documento, uma "turba enfurecida" torturou e decapitou cristãos, jogando partes de seus corpos às feras.

No final do século 3, contudo, o Estado romano percebeu que era hora de abraçar o inimigo e convertê-lo em aliado. Afinal, a Igreja em boa medida era o espelho do Império: ecumênica, legalista, multirracial e ordenada, com divisões e subdivisões criadas à imagem e semelhança de Roma. O cristianismo era governado por homens cultos que faziam as vezes de burocratas. E os bispos, assim como os governadores imperiais, tinham amplos poderes para interpretar a lei.

A Igreja também lançou mão das dioceses para sua organização. Não é à toa que diocese significa "administração" em grego. Já o termo "Católica" vem do grego *katholikos*, que significa "universal". Tal como o império almejava ser.

O SINAL DA CRUZ

Em 312, o imperador romano Constantino marchou com seus soldados para travar um combate contra Magêncio, que queria lhe usurpar o trono. Ao se aproximar da ponte Mílvia, nos arredores de Roma, Constantino teve uma visão. Olhou para o Sol e viu uma cruz logo acima, que dizia: "Com este sinal, você conquistará". Naquela noite,

Cristo apareceu em seu sonho e lhe explicou que deveria colocar o símbolo nos escudos da tropa. Dito e feito: Constantino pintou a cruz nos escudos e venceu a batalha. Depois se converteu ao cristianismo.

Bem, pelo menos essa é a história contada por Eusébio, que acompanhava o imperador. Ninguém sabe se foi esse mesmo o motivo da conversão. Pode ser que Constantino tenha apenas seguido os passos de sua mãe, Helena, que havia abraçado a fé em Jesus. Supersticioso que era, o imperador talvez tenha decidido cultuar todos os deuses para não irritar nenhum. De fato, mesmo depois de se tornar cristão ele nunca deixou de adorar o Sol.

Hoje, historiadores apontam outra hipótese: a conversão teria sido um ato político. "A parte oriental do Império Romano já era majoritariamente cristã. Assim, Constantino pode ter simplesmente chamado para si essa parte do Império – que era também a mais rica", diz Chevitarese. Com o Edito de Milão, em 313, Constantino instituiu a tolerância religiosa. E, mais importante: o cristianismo tornou-se a religião oficial de Roma. "A hierarquia cristã, com seus bispos e presbíteros, tinha um paralelo na estrutura imperial: haveria um Estado, uma religião, um imperador", diz o historiador Simon Sebag Montefiore no livro *Jerusalém, uma Biografia*.

Os arquitetos de Constantino construíram basílicas – edifícios retangulares com um anexo em semicírculo, onde o clero se sentava. O altar ficava na interseção entre a nave e o anexo. As basílicas inauguraram uma era de imponência na Igreja, que colecionava terras e relíquias da nobreza europeia. Esses templos serviam também como lugares de reunião, tribunais e salões de recepção de monarcas. Tanto que "basílica" vem do grego *basileus* ("rei").

A conversão do imperador abriu espaço para a futura criação do papado, que implantaria uma rígida hierarquia entre o clero e acabaria com a divisão de poder entre os patriarcados primitivos. Ainda no século 4, os bispos realizaram concílios para reafirmar a doutrina cristã e combater os questionamentos aos dogmas católicos. O primeiro deles foi convocado pelo próprio Constantino em Niceia, na atual Turquia, em 325.

O RESTO DO MUNDO

No fim das contas, o movimento originário da Galileia não foi o que se tornou religião oficial do Império Romano. "O movimento que se tornou a religião oficial do Império foi resultado das intensas negociações e de diferentes culturas que transformavam a mensagem de Jesus", diz Chevitarese. No século 5, veio outra reviravolta. Povos "bárbaros" penetraram em diversas partes da Europa e estremeceram o poderio imperial. Roma continuou ocupando um papel simbólico no cristianismo. Mas foi Bizâncio (atual Istambul) que emergiu como o novo altar das decisões. Situada entre a Europa e a Ásia, Bizâncio era uma ex-colônia grega, batizada de Constantinopla por Constantino. O sonho do imperador era manter a unidade política e religiosa do Império Romano. Mas os bizantinos desenvolveram sistemas políticos distintos, e suas igrejas elaboraram suas próprias liturgias.

No século 8, surgiram os estados papais, situados no centro e no norte da Itália. Neles, os sumos pontífices instauraram uma monarquia absoluta, acumulando o papel de autoridades civis, líderes religiosos, senhores feudais e chefes de exércitos.

A missão da Igreja só assumiria caráter global graças à Companhia de Jesus, ordem religiosa fundada no século 16 por Santo Inácio de Loyola. Os jesuítas espalharam a fé cristã na Ásia e na África junto com as grandes navegações. Os missionários trouxeram o cristianismo para a América, dando uma dimensão planetária à religião. O esforço valeu a pena: hoje temos Francisco, o primeiro papa jesuíta – e argentino – da História.

Nascimento de Jesus, Igreja de Saint-Étienne-du-Mont, Paris (autor desconhecido)

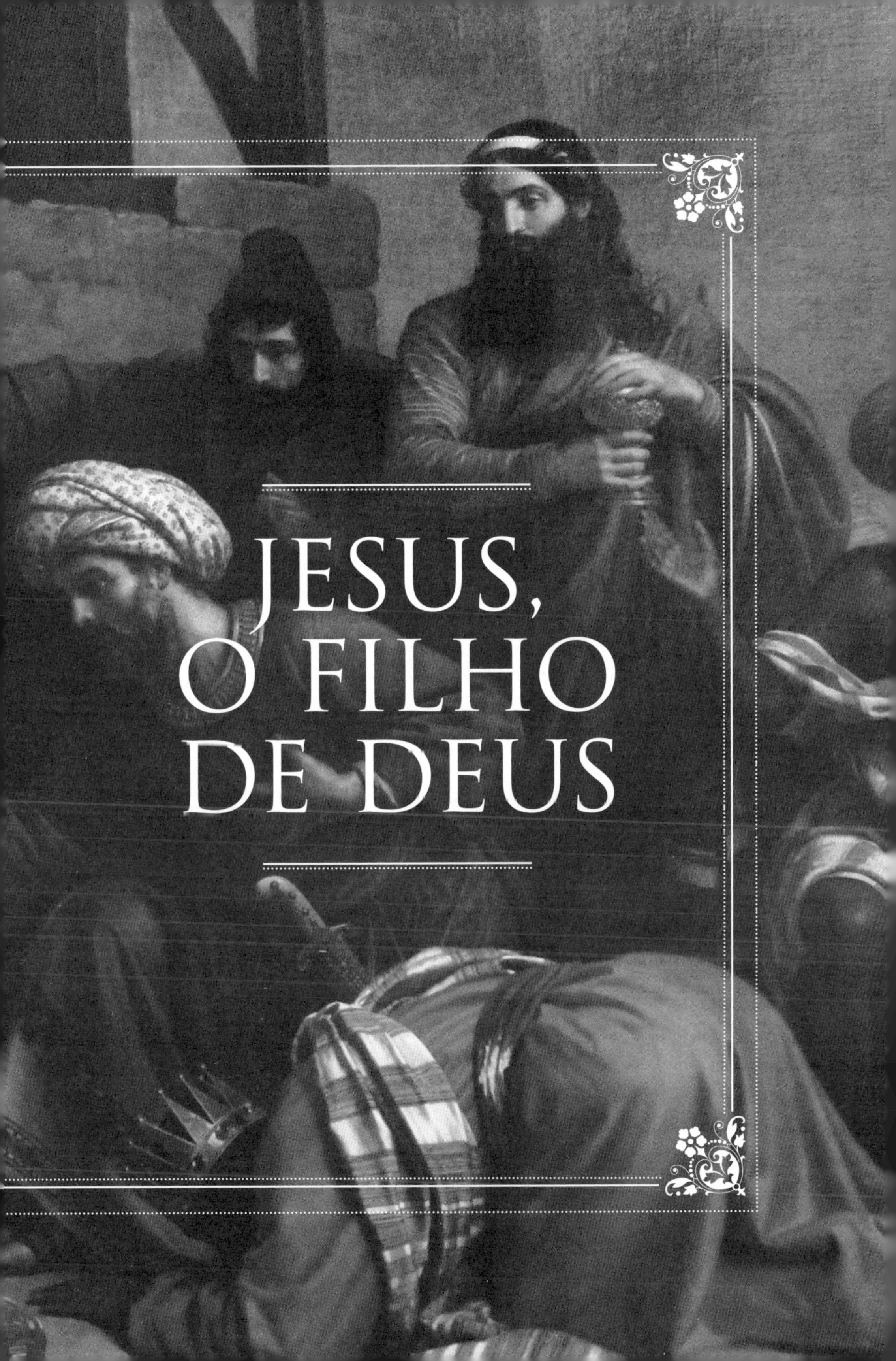

JESUS, O FILHO DE DEUS

JESUS ANTES DE CRISTO

Numa incrível viagem à Palestina do século 1, historiadores e arqueólogos reconstituem como era a vida do homem comum que se tornou o filho de Deus para os mais de 2 bilhões de cristãos

· RODRIGO CAVALCANTE ·

Edição 40 • Dezembro 2006

Cristo está em toda parte: nas obras mais importantes da História da arte, nos roteiros de Hollywood, nos letreiros luminosos de novas igrejas, nas canções evangélicas em rádios gospel, nos best-sellers de autoajuda, nos canais de televisão a cabo, nos adesivos de carro, nos presépios de Natal. Onde você estiver, do interior da Floresta Amazônica às montanhas geladas do Tibete, sempre será possível deparar com o símbolo de uma cruz, pena de morte comum no Império Romano à qual um homem foi condenado há quase 2 mil anos. Para mais de 2 bilhões de pessoas esse homem era o próprio Messias ("Cristo", do grego, o ungido), que ressuscitara para redimir a humanidade.

Embora o mundo inteiro (inclusive os não cristãos) esteja familiarizado com a imagem de Cristo, até há bem pouco tempo os pesquisadores eram céticos quanto à possibilidade de descobrir detalhes sobre a vida do judeu *Yesua* ("Jesus", em hebraico), o homem de carne e osso que inspirou o cristianismo. "Isso está começando a mudar", diz o historiador André Chevitarese, professor de História Antiga da Universidade Federal do Rio de Janeiro e um dos especialistas no Brasil sobre o "Jesus histórico" – o estudo da figura de Jesus na História sem os constrangimentos da teologia ou da fé no relato dos Evangelhos. Embora tragam detalhes do que teria sido a vida de Jesus, os Evangelhos são considerados uma obra de reverência, e não um documento histórico. Chevitarese e outros pesquisadores acreditam que, apesar de não existirem indícios materiais diretos sobre o homem Jesus, arqueólogos e historiadores podem ao menos reconstituir um quadro surpreendente sobre o que teria sido a vida de um líder religioso judeu naquele tempo, respondendo questões intrigantes sobre o ambiente e o cotidiano na Palestina onde ele vivera por volta do século 1.

NAZARÉ, ENTRE 6 E 4 A.C.

Uma aldeia agrícola com menos de 500 habitantes, cuja paisagem é pontuada por casas pobres de chão de terra batida, teto de estrados de madeira cobertos com palha, muros de pedras coladas com uma argamassa de barro, lama ou até de uma mistura de esterco para proteger os moradores da variação da temperatura no local. Segundo os arqueólogos, essa é a cidade de Nazaré na época em que Jesus nasceu, provavelmente entre os anos 6 e 4 a.C., no fim do reinado de Herodes. Isso mesmo: segundo os historiadores, Jesus deve ter nascido alguns anos antes do ano 1 do calendário cristão. "As pessoas naquele tempo não contavam a passagem do tempo como hoje, por meio da indicação do ano", explica o historiador da Unicamp Pedro Paulo Funari. "O cabeçalho dos documentos oficiais da época trazia apenas como indicação do tempo o nome do regente do período, o que leva os pesquisadores a crer que Jesus teria nascido anos antes do que foi convencionado."

Se você também está se perguntando por que os historiadores buscam evidências do nascimento de Jesus na cidade de Nazaré – e não em Belém, cidade natal de Jesus, de acordo com os Evangelhos de Mateus e Lucas –, é bom saber que, para a maioria dos pesquisadores, a referência a Belém não passa de uma alegoria da *Bíblia*. Na época, essa alegoria teria sido escrita para ligar Jesus ao rei Davi, que teria nascido em Belém e era considerado um dos messias do povo judeu. Ou seja: a alcunha "Jesus de Nazaré" ou "nazareno" não teria derivado apenas do fato de sua família ser oriunda de lá, como costuma ser justificado.

Mesmo que os historiadores estejam certos ao afirmarem que o nascimento em Belém seja apenas uma alegoria bíblica, o entorno de uma casa pobre na cidade de Nazaré daquele tempo não deve ter sido muito diferente do de um estábulo improvisado como manjedoura. Como a residência de qualquer camponês pobre da região, as moradias eram ladeadas por animais usados na agricultura ou para a alimentação de subsistência. A dieta de um morador local era frugal: além do pão de cada dia (no formato conhecido no Brasil hoje como pão árabe), era possível contar com azeitonas (e seu óleo, o azeite, usado também para iluminar as casas), lentilhas, feijão e alguns incrementos como nozes, frutas, queijo e iogurte. De acordo com os arqueólogos, o consumo de carne vermelha era raro, reservado apenas para datas especiais. O peixe era o animal consumido com mais frequência pela população, seco sob o sol, para durar. A maioria dos esqueletos encontrados na região mostra deficiência de ferro e proteínas. Essa parca alimentação é coerente com relatos como o da multiplicação dos pães, no *Evangelho de Mateus*, no qual os discípulos, preocupados com a fome de uma multidão que seguia Jesus, mostram ao mestre cinco pães e dois peixes, todo o alimento de que dispunham.

Se alguém presenciasse o nascimento de Jesus, provavelmente iria deparar com um bebê de feições bem diferentes da criança de pele clara que costuma aparecer nas representações dos presépios. Baseados no estudo de crânios de judeus da época, pesquisadores dizem que a aparência de Jesus seria mais próxima da de um árabe (de cabelos negros e pele morena) que da dos modelos louros dos quadros renascentistas. Seu nome, Jesus, uma abreviação do nome do herói bíblico Josué, era bastante comum em sua época. Ainda na infância, deve ter brincado com pequenos animais de madeira entalhada ou se divertido com rudimentares jogos de tabuleiro incrustados em pedras. Quanto à família de Jesus, os pesquisadores não acreditam que ele tenha sido filho único. Afinal, era comum que famílias de camponeses tivessem mais de um filho para ajudarem na subsistência da família. Isso poderia explicar o fato de os próprios Evangelhos falarem em irmãos de Jesus, como Tiago, José, Simão e Judas. "As Igrejas Ortodoxa e Católica preferiram entender que o termo grego *adelphos*, que significa irmão, queria dizer algo próximo de discípulo, primo", diz Chevitarese.

Assim como outros jovens da Galileia, é provável que ele não tenha tido uma educação formal ou mesmo a chance de aprender a ler e escrever, privilégio de poucos nobres. Ainda assim, nada o impediria de conhecer profundamente os textos religiosos de sua época transmitidos oralmente por gerações.

POLÍTICA, RELIGIÃO E SEXO

Desde aquele tempo, a região em que Jesus vivia já era, digamos, um tanto explosiva. O confronto não era, claro, entre judeus e muçulmanos (o profeta Maomé só iria receber sua revelação mais de cinco séculos depois). A disputa envolvia grupos judaicos e os interesses de Roma, cujo império era o equivalente, na época, ao que os Estados Unidos são hoje. E, assim como grupos religiosos do Oriente Médio resistem atualmente à ocidentalização dos seus costumes, diversos grupos judaicos da época se opunham à influência romana sobre suas tradições.

Na verdade, fazia séculos que os judeus lutavam contra o domínio de povos estrangeiros. Antes de os romanos chegarem, no ano 63 a.C., eles haviam sido subjugados por assírios, babilônios, persas, macedônios, selêucidas e ptolomeus. Os judeus sonhavam com a ascensão de um monarca forte como fora o rei Davi, que por volta do século 10 a.C. inaugurara um tempo de relativa estabilidade. Não à toa, Davi ficaria lembrado como o Messias (ungido por Javé) e, assim como ele, outros messias eram aguardados para libertar o povo judeu.

A resistência aos romanos se dava de maneiras variadas. A primeira delas, e mais feroz, era identificada como simples banditismo. Nessa categoria estavam bandos de criminosos formados por camponeses miseráveis que atacavam comerciantes, membros da elite romana ou qualquer desavisado que viajasse levando uma carga valiosa.

Além do banditismo, havia a resistência inspirada pela religião, principalmente a dos chamados movimentos apocalípticos. De acordo com os seguidores desses movimentos, Israel estava prestes a ser libertado por uma intervenção direta de Deus que traria prosperidade, justiça e paz à região. A questão era como se preparar para esse dia.

Alguns grupos, como os zelotes, acreditavam que o melhor a fazer era se armar e partir para a guerra contra os romanos na crença de que Deus apareceria para lutar ao lado dos hebreus. Para outros grupos, como os essênios, a violência era desnecessária e o melhor mesmo a fazer era se retirar para viver em comunidades monásticas distantes das impurezas dos grandes centros. E Jesus, de que lado estava?

É quase certo que Jesus tenha tido contato com ao menos um líder apocalíptico de sua época, que preparava seus seguidores por meio de um ritual de imersão nas águas do Rio Jordão. Se você apostou em João Batista, acertou.

O curioso é que, para a maioria dos pesquisadores, incluindo aí o padre católico John P. Meier, autor da série sobre o Jesus histórico chamada *Um Judeu Marginal*, o movimento apocalíptico de João Batista deve ter sido mais popular, em seu tempo, do que a própria pregação de Jesus. Os historiadores acreditam que é bem provável que Jesus, de fato, tenha sido batizado por João Batista nas margens do Rio Jordão, e que o encontro deve ter moldado sua missão religiosa dali em diante.

Apesar de não haver nenhuma restrição para que um líder religioso judeu tivesse relações com mulheres em seu tempo, ninguém sabe ainda se entre as práticas espirituais de Jesus estaria o celibato. Da mesma forma, afirmar que ele teve relações com Maria Madalena também não passaria de uma grande especulação.

UMA MORTE MARGINAL

O pesquisador Richard Horsley, professor de Ciências da Religião da Universidade de Massachusetts, em Boston, é categórico: a morte de Jesus na cruz em seu tempo foi muito menos perturbadora para o Império Romano do que se costuma imaginar. Horsley e outros pesquisadores desapontam os cristãos que imaginam a crucificação como um evento que causara, em seu tempo, uma comoção generalizada, como naquela cena do filme *O Manto Sagrado* em que nuvens negras escurecem Jerusalém e o mundo parece prestes a acabar. Apesar de ter sido uma tragédia para seus seguidores e familiares, a morte do judeu Yesua deve ter passado praticamente despercebida para quem vivia, por exemplo, no Império Romano. Ou seja: se existisse uma rede de televisão como a CNN, naquele tempo, é bem possível que a morte de Jesus nem sequer fosse noticiada. E, caso fosse, dificilmente algum estrangeiro entenderia bem qual a diferença da mensagem dele em meio a tantas correntes do judaísmo do período – assim como poucas pessoas no Ocidente compreendem as diferenças entre as diversas correntes dentro do Islã ou do budismo.

Os pesquisadores sabem, no entanto, que Jesus não deve ter escolhido por acaso uma festa como a Páscoa para fazer sua pregação em Jerusalém. A data costumava reunir milhares de pessoas para a comemoração da libertação do povo hebreu do Egito. No período que antecedia a festa, o ar tornava-se carregado de uma forte energia política. Era quando os judeus pobres sonhavam com o dia em que conseguiriam ser libertados dos romanos.

Para a elite judaica que vivia em Jerusalém, contudo, as manifestações anti-Roma não eram nada bem-vindas. Afinal, como ela se beneficiava da arrecadação de impostos da população de baixa renda, boa parte dela tinha mais a perder que a ganhar com revoltas populares que desafiassem os dirigentes romanos, cujos estilos de vida eram copiados por meio da construção de suntuosas vilas (espécie de chácaras luxuosas) nas cercanias de Jerusalém.

A própria opulência do Templo do Monte de Jerusalém, reconstruído por Herodes, o Grande, parecia uma evidência de que a aliança entre os romanos e os judeus seria eterna. A construção era impressionante até mesmo para os padrões romanos, o que fazia de Jerusalém um importante centro regional em sua época.

Em meio às festas religiosas, o comércio da cidade florescia cada vez mais. Vendia-se de tudo por lá, incluindo animais para serem sacrificados no templo. Os mais ricos podiam comprar um cordeiro para ser sacrificado e quem tivesse menos dinheiro conseguia comprar uma pomba no mercado logo em frente. A cura de todos os problemas do corpo e da alma (na época, as doenças eram relacionadas à impureza do espírito) passava pela mediação dos rituais dos sacerdotes do templo.

Não é difícil imaginar a afronta que devia ser para esses líderes religiosos ouvir que um judeu rude da Galileia curava e livrava as pessoas de seus pecados com um simples toque, sem a necessidade dos sacerdotes. A maioria dos pesquisadores concorda que atos subversivos como esses seriam suficientes para levar alguém à crucificação.

Quase tudo o que os pesquisadores conhecem sobre a crucificação deve-se à descoberta, em 1968, do único esqueleto encontrado de um homem crucificado em Giv'at há-Mivtar, no nordeste de Jerusalém. Após uma análise dos ossos, eles concluíram que os calcanhares do condenado foram pregados na base vertical da cruz, enquanto os braços haviam sido apenas amarrados na travessa. A raridade da descoberta deve-se a um motivo perturbador: a pena da crucificação previa a extinção do cadáver do condenado, já que o corpo do crucificado deveria ser exposto aos abutres e aos cães comedores de carniça. A ideia era evitar que o túmulo do condenado pudesse servir de ponto de peregrinação de manifestantes. De qualquer forma, a descoberta desse único esqueleto preservado prova que, em alguns casos, o corpo poderia ser reivindicado pelos parentes do morto, o que talvez tenha acontecido com Jesus.

O que aconteceu após sua morte? Para os pesquisadores, a vida do Jesus histórico encerra-se com a crucificação. "A ressurreição é uma questão de fé, não de História", diz Richard Horsley.

Tudo o que os historiadores sabem é que, apesar de pequeno, o grupo de seguidores de Jesus logo conseguiria atrair adeptos de diversas partes do mundo. E foi um dos novos convertidos, um ex-soldado que havia perseguido cristãos e ganhara o nome de Paulo, que se tornaria uma das pedras fundamentais para a transformação de Jesus em um símbolo de fé para todo o mundo. Com sua formação cosmopolita, Paulo lutou para que os seguidores de Jesus trilhassem um caminho independente do judaísmo, sem necessidade de obrigar os convertidos a seguir regras alimentares rígidas ou, no caso dos homens, a fazer a circuncisão. A influência de Paulo na nova fé é tão grande que há quem diga que a mensagem de Jesus jamais chegaria aonde chegou caso ele não houvesse trabalhado com tanto afinco para sua difusão.

Mesmo para quem não acredita em milagres, não há como negar que Paulo e os outros seguidores de Jesus conseguiram uma proeza e tanto: apenas três séculos após sua morte, transformaram a crença de uns poucos judeus da Palestina do século 1 na religião oficial do Império Romano. Por essa época, a vida do judeu Yesua já havia sido encoberta pela poderosa simbologia do Cristo: assim como os judeus sacrificavam cordeiros para Javé, o Cristo se tornaria símbolo do cordeiro enviado por Deus para tirar os pecados do mundo. Desde então, a História de boa parte do mundo está dividida entre antes e depois de sua existência.

CELEIRO DE MESSIAS

Jesus era apenas um entre muitos profetas que prometiam liberdade, saúde ou o apocalipse no Oriente Médio do século 1. E nem era o mais famoso. Conheça os "outros Cristos"

· TIAGO CORDEIRO ·

Edição 101 • Dezembro 2011

Se você tivesse uma máquina do tempo e voltasse para a Palestina judaica do começo do século 1 em busca de Jesus, iria ter dificuldades para encontrar o Jesus certo. Para todo lugar que olhasse, veria líderes religiosos, profetas e curandeiros. Alguns contavam com mais seguidores que Cristo. E um deles tinha até o mesmo nome.

A profusão de místicos não era uma situação corriqueira para os judeus. Depois de 400 anos de relativo silêncio na religiosidade popular judaica, Jerusalém e seus arredores estavam cheios de pessoas prometendo saúde, prosperidade, liberdade ou vida eterna. Jesus era só mais um deles.

Apolônio de Tiana passou poucas vezes pela cidade mais importante do judaísmo, mas seus ensinamentos foram espalhados por ali e todo o mundo conhecido no período, da Espanha à Índia. Simão, o Mago, curava doentes, tinha centenas de seguidores e, dizia-se, conseguia levitar. Banus vivia isolado do mundo e organizava rituais complicados de purificação com água – assim como João Batista, outro profeta mais popular do que Cristo em sua época. Eleazar fazia sessões de exorcismo à base de espirros. Simão, o Essênio, era especialista em interpretar sonhos. Já Jesus, filho de Ananias, quase teve o mesmo destino de Jesus de Nazaré.

Ao longo do primeiro século da era cristã, pelo menos dez pessoas diferentes se declararam "Messias", expressão que significa "o consagrado" e remete à profecia de um descendente do rei judeu Davi que iria reconstruir Israel em toda a sua força. É por isso que os Evangelhos dizem que Jesus nasceu em Belém, a terra de origem do rei mítico, enquanto os historiadores acreditam que ele veio ao mundo em Nazaré, na época um pequeno vilarejo de apenas 500 habitantes.

GUERREIROS E CRENTES

É fácil entender a multiplicação de líderes populares. Fazia mais de dois séculos que os judeus eram dominados por povos estrangeiros – pela ordem, assírios, babilônios, persas, macedônios, selêucidas e ptolomeus. No ano 152 a.C., eles finalmente reconquistaram a independência e voltaram a sonhar com o retorno aos tempos estáveis do rei Davi, por volta do século 10 a.C. – quando, segundo a tradição bíblica, o povo judaico viu o nascimento de um reino forte, com poder centralizado e capital em Jerusalém. Mas eis que, no ano 63 a.C., o general romano Pompeu tomou a cidade. Era o começo do domínio de Roma sobre a Palestina.

Seriam necessários mais 2 mil anos para um exército judeu voltar a ocupar Jerusalém. "Foram apenas 89 anos de estabilidade, e isso deixou os judeus inconformados. O clima estava pronto para o surgimento de pessoas que prometessem qualquer tipo de mudança, mesmo que fosse o fim do mundo", diz Bruce Chilton, professor de História da Religião da Bard College, em Nova York, e especializado nas origens do cristianismo. "As interpretações populares do texto bíblico previam o ressurgimento do estado judeu do rei Davi, liderado por um messias capaz de vencer qualquer adversário. Esse homem teria de ser um líder ao mesmo tempo militar e religioso. Não havia ninguém com esse perfil no mundo judaico da época, e muitas pessoas tentaram ocupar essa lacuna."

Os movimentos de resistência tinham duas estratégias. Uma delas era pela via militar. No ano 4 a.C., mais ou menos enquanto Jesus nascia, Judas, filho de Ezequias, montou um exército com grande quantidade de homens, mas poucas armas, e tentou derrotar o rei Herodes em Séfores, na Galileia. Seu grupo foi massacrado, assim como os liderados por outros dois líderes militares, conhecidos como Simão e Astronges. Na década de 60 d.C., uma série de rebeliões acabaria com a destruição do Templo de Jerusalém, no ano 70, e com o cerco romano à Fortaleza de Massada, construída por Herodes, o Grande, e ocupada por um grupo de judeus que resistiu aos adversários enquanto pôde e cometeu suicídio em massa para não se entregar. Entre 132 e 135, houve uma nova revolta, desta vez liderada por um líder religioso e militar, Simão Bar Kohba. Depois de vencer uma legião romana inteira e se declarar o Messias, ele formou um grupo de seguidores, que chegaram a declarar o ano de nascimento de Simão como o ano zero de uma nova era. Durante três anos, ele transformou Jerusalém em capital exclusiva de judeus, comandada pelo suposto sucessor legítimo do rei Davi. Para Simão, não havia outro caminho para alcançar o reino dos céus ainda em vida a não ser a luta armada, um governo forte e a perseguição a qualquer pessoa que discordasse de suas opiniões. O movimento foi reprimido. O imperador Adriano esmagou a rebelião, reconstruiu a cidade, mudou seu nome para Aelia Capitolina e proibiu todo judeu de morar ali. De repente, a comunidade judaica não tinha mais sua cidade sagrada (já havia perdido o templo), que centralizava a vida religiosa, econômica e política. A importância do templo era tamanha que 7 mil sacerdotes e 10 mil levitas, servos que auxiliavam na realização de cultos, se revezavam para trabalhar ali.

Quem não se mobilizava pelas armas recorria à fé. Os líderes mais populares eram os apocalípticos, que prometiam uma intervenção direta de Javé a qualquer momento, ou os curandeiros e milagreiros, que resolviam problemas práticos como uma doença ou a falta de chuva. "Jesus é uma figura complexa. Ele não adotou a postura militarista, que acabaria se tornando dominante a partir de meados do século 1. Mas também se recusou a adotar uma atitude apocalíptica, que era bastante aceita em sua época", diz Tzvee Zahavy, historiador americano especializado nas origens do judaísmo. "Era um curandeiro de discurso difícil, que se recusava a se encaixar no papel de messias."

O SEGREDO DO SUCESSO

Vários dos profetas são citados por historiadores da época. Não é o caso de Jesus, que não aparece em nenhum dos textos judaicos relevantes de sua época – nem mesmo nos Manuscritos do Mar Morto. Para a maioria de seus contemporâneos, Jesus era essencialmente um curandeiro, mas aproveitava a atenção popular para fazer sermões teológicos, e os textos posteriores aos Evangelhos, em especial o Apocalipse, incorporam seus ensinamentos para preparar os seguidores para sua segunda – e definitiva – vinda à Terra. "Cristo só é citado pelos Evangelhos de seus seguidores e pelo historiador Flávio Josefo e, mesmo assim, a maioria dos historiadores suspeita que, em Josefo, os trechos sobre Jesus foram inseridos na Idade Média. Se existissem emissoras de TV naquela época, a crucificação de Cristo não teria sido noticiada", diz Tzvee Zahavy. "A verdade é que Jesus teve muito pouca importância enquanto viveu."

Mas em 313 o imperador Constantino I, o homem mais poderoso do mundo, instruiu os governadores das províncias dominadas por Roma a dar liberdade aos cristãos. Como foi possível que, em um curto período de tempo, um profeta de pouca expressão tenha vencido todos os demais e tomado conta de corações e mentes do império mais poderoso do mundo? A resposta começa em João Batista. "João foi uma figura extremamente influente para Jesus, e seu batismo era aberto para os não judeus", afirma Bruce Chilton. "Cristo manteve a prática de Batista de aceitar, entre seus seguidores, pessoas externas à fé judaica. Quando o povo judeu foi massacrado, essa atitude se mostrou decisiva."

De certa forma, a mesma atitude que fez de Jesus menos popular enquanto esteve vivo foi a que decidiu o sucesso da religião que seus discípulos fundaram. "Jesus se apresentou como um revisor, que não tinha problemas em descartar algumas normas do judaísmo. Isso diminuiu o impacto de suas pregações na época, mas se mostrou fundamental depois da expulsão dos judeus de Jerusalém", continua Chilton. "Se ele fosse apocalíptico, ou militarista, ou judaizante radical, certamente teria sido mais popular em vida. Mas seu discurso teria ficado datado historicamente, coisa que, como sabemos muito bem, não aconteceu." Ainda assim, Jesus soube incorporar valores de outros religiosos à sua prática – do batismo pela água de João Batista à cura de enfermos de Simão, o Mago. E até as práticas dos exorcistas de então.

Os seguidores de Jesus também tiveram méritos, e um deles foi especialmente importante. "Paulo foi determinante para que a mensagem cristã fosse levada para fora do mundo judaico. Sem sua influência, algumas regras comportamentais, como a necessidade de circuncisão, poderiam ser mantidas", diz Israel Knohl, historiador da Universidade Hebraica de Jerusalém. "Dentro do primeiro grupo de cristãos, a postura de Paulo foi minoritária. Seus discípulos mais influentes preferiam investir no convencimento do próprio povo judaico." Se os cristãos não vencessem, não seriam os outros profetas que influenciariam Roma – e o resto do Ocidente nos últimos 2 mil anos. A religião mais popular era o mitraísmo. Fé de origem persa surgida no século 2 a.C., ela havia se tornado muito popular entre os soldados romanos e, graças a eles, estava dominando todo o império. Com os homens de Jesus no comando, alguns rituais do mitraísmo foram incorporados, inclusive, de acordo com Tzvee Zahavy, o hábito de realizar rituais com vinho representando sangue. "O texto da última ceia cita a recomendação de Cristo de repetir seu gesto com sangue e pão, mas seus seguidores só incorporaram o ritual às missas por influência do mitraísmo", diz ele.

Se um judeu de Jerusalém que vivesse no século 1 pegasse sua máquina do tempo e viesse para os dias de hoje, seguramente ficaria bem surpreso com o alcance de Jesus, aquele profeta tão discreto.

MEU REINO É DESTE MUNDO

Para historiador, Jesus era mais um revolucionário judeu, com o objetivo de combater a ocupação romana e devolver a Terra Santa ao povo escolhido

· FABIO MARTON ·

Edição 123 • Outubro 2013

Não é segredo que existe um Jesus para os fiéis e outro para os historiadores. O primeiro é Deus encarnado no útero de uma virgem. O segundo é um profeta judeu. Mas isso não quer dizer que eles não tenham semelhanças: Jesus, histórico ou religioso, era alguém da paz. Enquanto outros candidatos a messias da época tentavam se livrar da dominação romana, ele defendia que era preciso dar a outra face e deveríamos dar a César o que é de César, a Deus o que é de Deus. Para o escritor e acadêmico das religiões Reza Aslan, esse Jesus apolítico é tão anti-histórico quanto aquele que anda sobre as águas. Ele é autor de *Zelota – A Vida e a Época de Jesus de Nazaré*, no qual desconstrói o estereótipo do Jesus pacifista como uma "completa fabricação" de cristãos que nunca o conheceram em pessoa.

FORA, ROMANOS

O método de *Zelota* não é diferente de outros trabalhos de busca pelo Jesus histórico. É uma leitura crítica dos Evangelhos na qual são excluídas as partes que contradizem o contexto da época. Por exemplo, quase nenhum historiador contemporâneo acredita que Jesus nasceu em Belém, porque o censo dos Evangelhos não existiu. A diferença é que Aslan decidiu cortar muito do que se considera a essência de Jesus. Os zelotes, ao qual o título do livro faz referência, eram os integrantes de uma seita que, literalmente, "zelavam por Deus". Era um movimento político que tentava incitar a população do Oriente Médio a se insurgir contra a dominação romana. Para Aslan, Jesus era um deles. Para a Bíblia, pelo menos um de seus discípulos, Simão, era zelote, e ficou conhecido pelo apodo.

Em João 18:36 há um verso crucial nesse entendimento: "Meu reino não é deste mundo". Ou seja, Jesus não queria ser rei de Israel. "A figura histórica de Jesus é a de um pacifista, em oposição aos candidatos a messias anteriores e contemporâneos a ele", diz André Chevitarese, da Universidade Federal do Rio de Janeiro. "Jesus é muito reacionário, não tem nada de incendiário, defensor de uma luta aberta." De acordo com Chevitarese, estava "muito mais para Gandhi do que Arafat", em analogia com o líder pacifista da Índia e o briguento fundador da Organização para a Libertação da Palestina, Yasser Arafat.

Aslan descarta o *Evangelho de João*, que estabelece a concepção de Jesus que dura até hoje. Para o historiador, tal imagem seria impossível enquanto ele estava vivo. "Se alguém quer descobrir no que Jesus realmente acreditava, não pode perder de vista este fato: Jesus de Nazaré era, em primeiro e último lugar, um judeu", afirma. E zelo, entre os judeus da época, significava não só viver de acordo com as leis religiosas mas lutar pela restituição do Reino de Deus, isto é, de Israel, sob o comando dos judeus. Um reino bem deste mundo, que o Jesus "zelote" de Aslan – ou da História, de acordo com ele – defendia ferrenhamente.

A passagem do "dai a César o que é de César", na qual Jesus é questionado a respeito dos impostos pelos fariseus (corrente religiosa que daria origem ao judaísmo atual), é vista, no que talvez seja a interpretação mais original, como um chamado à teocracia. Para Aslan, a questão colocada a Jesus não era realmente sobre impostos. "O tributo era particularmente ofensivo porque implicava que a terra pertencia a Roma, não a Deus", diz. Assim, quando Jesus diz para dar a Deus o que é de Deus, ele se refere à terra de Israel, enquanto dar a César as moedas com sua face estampada era um jeito de gritar "fora, romanos".

"HOSANA"

Jesus entrega suas pretensões reais, segundo Aslan, no episódio do Domingo de Ramos, quando fez uma entrada triunfal em Jerusalém, montado em burro, com ramos de palmeira colocados no caminho pelo povo, que o saudava com "Hosana!" (salve!). Jesus buscava cumprir a profecia em Zacarias 9:9: "Alegra-te muito, ó filha de Sião; exulta, ó filha de Jerusalém; eis que o teu rei virá a ti, justo e salvador, pobre, e montado sobre um jumento, e sobre um jumentinho, filho de jumenta".

Até aí, é coisa que qualquer denominação cristã concorda. Mas, segundo Aslan, não existia então o conceito do messias de um reino imaterial. Jesus estava clamando o trono para si. E seu ato seguinte, atacar os comerciantes no Templo, era uma afronta direta à única autoridade dos judeus que restava, os sacerdotes, não apenas coniventes mas parte da estrutura de dominação de Roma. Todos os dias, o sumo sacerdote oferecia dois sacrifícios de animais pela saúde do imperador romano. Jesus não foi condenado por heresia, mas por conspiração. A placa sobre sua cruz, "Jesus de Nazaré, Rei dos Judeus", não foi piada dos romanos. Era a descrição de seu crime, o de proclamar-se rei.

O título de "Filho do Homem", que Jesus usa diversas vezes para se referir a si mesmo, é uma forma críptica de se chamar de Messias, tirado de uma passagem profética do Livro de Davi. O codinome, assim como o hábito de se comunicar por parábolas, são indícios que Jesus queria manter em segredo sua real pretensão: tornar-se rei de Israel, expulsar os romanos e punir seus colaboradores.

Os romanos sabiam muito bem o que "messias" queria dizer. "Chamar-se Messias durante a ocupação romana era equivalente a declarar guerra a Roma", escreve Aslan. Mas não faltavam candidatos. No ano 6, Judas da Galileia juntou um exército e tomou o quartel de Séforis, para ser aniquilado pelos romanos. O mesmo Pôncio Pilatos que ordenou a execução de Jesus também crucificou "O Samaritano", outro candidato a messias que não tinha Exército. Em 46, os filhos de Judas da Galileia, Tiago e Simão, tiveram o mesmo fim. Durante a Grande Revolta Judaica, de 66 a 73, houve uma multidão de messias entre os líderes rebeldes, como Eleazer ben Simon, Simon bar Giora e Menahen ben Jair (este, um neto de Judas). Em 136, mais de 100 anos depois da morte de Jesus, Simon bar Kokhba liderou mais uma tentativa de restaurar o reino de Israel.

O PROPAGADOR

A natureza divina era algo que dificilmente Jesus ou seus apóstolos defenderiam. "A ideia de um messias divino seria um anátema a tudo que o judaísmo representa", diz Aslan. Eles simplesmente não sobreviveriam a essa afirmação, heresia mortal para os judeus.

Estevão, o primeiro mártir do cristianismo, foi apedrejado em Jerusalém em 34 por afirmar que viu Jesus "à mão direita de Deus", quer dizer, compartilhando de sua divindade. Tiago, chamado na *Bíblia* de irmão de Jesus, sobreviveria quase três décadas em Jerusalém como o líder dos cristãos – e, mesmo assim, sendo um homem muito respeitado na cidade. Sua morte, numa conspiração do sumo sacerdote Hanan ben Hanan, em 62, foi retratada pelo historiador judeu Flávio Josefo como uma grande infâmia, condenada por todos os cidadãos honestos.

Estevão era um judeu da diáspora, que nunca viu Jesus em pessoa e falava grego como língua materna, vindo de uma cultura altamente helenizada. Exatamente como Paulo de Tarso, considerado quase universalmente o verdadeiro fundador do cristianismo por historiadores contemporâneos. "O cristianismo que a gente tem hoje é paulino, não só na vertente católica como protestante, não tem discordância a respeito disso", afirma André Barroso, professor de História e Filosofia do Núcleo de Pesquisas Sócioambientais da Universidade Estácio de Sá. Paulo defendia uma ruptura completa com o judaísmo, abandonando as leis mosaicas, pregando para os gentios (isto é, os não etnicamente judeus), e defendendo o status divino de Jesus.

Paulo teve rusgas com Pedro e Tiago, os líderes da ala "judaizante" do cristianismo, que limitavam sua pregação aos judeus e seguiam estritamente as leis judaicas. A destruição de Jerusalém pelos romanos, no ano 70, durante uma grande revolta nacionalista, fez com que essa ala fosse extinta, sobrando os conversos internacionais, do trabalho de Paulo. O trauma da destruição teve suas consequências. Todos os evangelhos foram escritos depois da guerra e tentam varrer para debaixo do tapete o lado revolucionário de Jesus. "Depois da revolta dos judeus e da destruição do Templo de Jerusalém, a Igreja primitiva tentou desesperadamente separar Jesus do nacionalismo que levou àquela guerra terrível", diz Aslan. Jesus se tornou uma figura quase pró-Roma, que pede para dar a outra face ao soldado inimigo. Pôncio Pilatos, um tirano cruel e insensível segundo todas as fontes da época, torna-se quase um herói, de forma que a culpa pela morte de Jesus recaísse sobre os judeus, não sobre os romanos.

"Dois mil anos depois, o Jesus de Paulo soterrou completamente o Jesus da História", afirma Aslan. "É uma vergonha. Porque aquilo que qualquer estudo compreensivo sobre o Jesus histórico deve revelar é que Jesus de Nazaré – Jesus, o homem – é tão intrigante, carismático e merecedor de louvor quanto Jesus, o Cristo."

AS OUTRAS FACES DE JESUS

A Bíblia é omissa em 26 dos 33 anos de Cristo. O que teria feito durante sua infância, adolescência e boa parte da vida adulta? A procura de pistas sobre seu paradeiro é recente. Muitas fontes antigas pintam um retrato diferente do filho do Deus dos cristãos

‣ TIAGO CORDEIRO ‣

Edição 113 • Dezembro 2012

Quando criança, Jesus matou um colega com o poder de sua voz, andou sobre um raio de sol e salvou a vida de seu irmão moribundo. Desobedeceu aos pais e destratou os professores. Também foi educado na Índia, com passagem pela Pérsia e até mesmo pela Grécia. E ainda teria ido à Inglaterra, levado por José de Arimateia (o homem que depois, segundo a *Bíblia*, cuidou de seu enterro). Nesse meio-tempo, encontrou-se com vários personagens que se revelariam importantes em sua vida adulta. Na juventude, foi um seguidor fiel de João Batista, um essênio, da seita dos judeus ascetas. Absurdo? O que você leu faz parte de lendas e teorias sobre a vida de Jesus.

É incrível, mas a vida do homem mais importante do Ocidente nos últimos 2 mil anos resume-se a poucos fragmentos na sua, digamos, biografia oficial. E, nos Evangelhos, ele anda sobre as águas, ressuscita mortos, transfere demônios de pessoas para porcos e multiplica comida. A procura pelo chamado Jesus histórico tem como fonte principal os mesmos Evangelhos – descontados os milagres – e a arqueologia.

O FILHO DE CLEÓPATRA

Os textos bíblicos saltam do nascimento para a adolescência e dali direto para a parte final de sua vida, que daria início ao cristianismo. O Novo Testamento é silencioso sobre 26 dos 33 anos de vida de Jesus Cristo: a fase entre os 4 e os 30 anos de idade, com uma breve descrição de um episódio do jovem Jesus. Essa falta de informações alimentou uma série de lendas e textos apócrifos sobre os anos perdidos de Cristo.

Uma delas aproveita a referência bíblica da fuga de José e Maria para o Egito. A vida em terras egípcias deu origem a uma lenda, ainda hoje muito popular naquele país: a de que Jesus seria egípcio, filho da rainha Cleópatra e do general romano Marco Antônio. Para preservar o fruto de um relacionamento tão perigoso politicamente, ele teria sido doado para ser criado por José e Maria. É uma lenda anacrônica: Cleópatra e Marco Antônio morreram em 30 a.C., décadas antes do nascimento de Jesus. E seria um bizarro caso de poderosos que doam o filho para ser criado por gente pobre.

Outras lendas sobre Jesus no Egito se mostrariam decisivas para a Igreja Ortodoxa Copta, denominação cristã no país e no mundo árabe, hoje com 15 milhões de seguidores. Logo na chegada ao novo lar, o menino expulsou demônios de um garoto possuído – que saíam da boca do jovem às dezenas, na forma de cobras e morcegos, segundo o Evangelho da Infância de Nosso Senhor Jesus. Ele teria sido reverenciado por animais e as palmeiras se curvariam à medida que passava. Também teria conhecido ali duas crianças que depois se tornariam os bons ladrões crucificados ao seu lado, 30 anos depois. Salomé, uma das futuras seguidoras de Cristo, teria sido sua babá e assistente de Maria – sua mãe, ou a mulher escolhida para educá-lo, segundo a lenda.

O nascimento de Jesus está presente nos textos sagrados de outra religião, o islamismo. Segundo o *Alcorão*, tal como na *Bíblia*, ele nasceu de uma virgem. Mas ali é comparado a Adão, pois ambos vieram ao mundo diretamente pela vontade de Alá. Os muçulmanos, porém, não o chamam de "filho de Alá". Para eles, Jesus é um profeta. E dos grandes, o que antecedeu a Maomé, o maior de todos. Maria, para os islâmicos, não deu à luz numa manjedoura, mas no deserto – e era solteira. Ao sentir as dores do parto, Jesus falou com ela de seu útero, dizendo que chacoalhasse a tamareira sob a qual estava abrigada. Ela deveria comer os frutos que caíssem no chão e beber a água de um riacho próximo – eram presentes de Alá para que se sentisse melhor. Jesus nasceu logo depois. Quando voltou a Belém, Maria foi ridicularizada. Na sinagoga, o recém-nascido, com apenas 40 dias de vida, falou para a comunidade, que duvidava do milagre e acusava Maria de ser mãe solteira: "Sou, de fato, servo de Alá. Ele fez de mim um profeta".

Para além das religiões estabelecidas, histórias da infância de Jesus extrapolam a própria geografia do Oriente Médio. Ele não só teria sido educado na Índia e em monastérios do Himalaia como teria escapado da crucificação, voltado para a Caxemira, passando por Grécia e Pérsia – e permanecido em território indiano até a morte, aos 120 anos. Quem consolidou a lenda foi o jornalista russo Nicolai Notovitch, em *The Unknown Life of Jesus Christ*, após visita à Índia, em 1887. Relatos antigos mencionam um profeta chamado Issa. Há quem veja nos ensinamentos cristãos de não violência – inaceitáveis para os padrões de pensamento judaico de então – um eco da filosofia budista. Outra viagem alucinante: a Inglaterra. O contato de Jesus com a ilha britânica supostamente ocorreu por intermédio de seu tio José de Arimateia. Sua educação teria passado por ali, em contato com a antiga sabedoria dos druidas. E ele voltou para a Palestina apenas depois dos 20 anos de idade. Um dos maiores divulgadores dessa história é o poeta William Blake, que no século 19 escreveu um poema muito famoso, conhecido como *And Did Those Feet*.

PEDREIRO EM SÉFORIS

Os Evangelhos só retomam a trajetória de Jesus aos 12 anos, quando ele viaja com os pais para celebrar o Pessach, a Páscoa judaica, em Jerusalém. Maria segue em uma caravana de mulheres. José, em uma de homens. Na volta, ela acha que o filho está com ele e vice-versa. O casal volta para a capital da província e, depois de três dias, encontram o adolescente surpreendendo os rabinos com seu grau de conhecimento das Escrituras. Tentam dar uma bronca no garoto, mas a reação dele os espanta: "Não sabes que me convém tratar dos negócios de meu Pai?" A dar-se crédito ao episódio, fica claro que Jesus não era apenas um aprendiz de marceneiro, ou pedreiro (a palavra *tekton* define melhor um mestre de obras, um faz-tudo, do que um carpinteiro). "Ele sabia ler e escrever e conhecia as Escrituras com bastante profundidade", diz a historiadora Paula Fredriksen, da Universidade de Boston.

Nazaré não tinha escolas respeitáveis, nem mercado de trabalho para uma família de construtores sobreviver – ainda assim, no *Evangelho de Marcos*, Jesus é citado como um *tekton*. Como foi possível que tivesse esse grau de conhecimento das Escrituras e exercesse a profissão do pai? A resposta mais provável não está na Índia, no Egito, na Grécia, nem na Inglaterra. Acontece que a Nazaré da época foi uma cidade-satélite de Séforis, que ficava a apenas

8 quilômetros de distância e era um grande centro administrativo da Galileia. Sob o governo de Herodes Antipas, Séforis havia sido transformada em um imenso canteiro de obras depois que uma rebelião judaica foi reprimida ali com a destruição da cidade. Como se vê, Séforis era também um centro judaico expressivo e local de conflitos com a cultura romana. Atualmente, Séforis abriga um grande sítio arqueológico – ruas inteiras com casas judaicas foram desenterradas e preservadas.

"Séforis é o lugar ideal para se imaginar a formação do jovem Jesus. Fornecia o ganha-pão para ele e sua família e a instrução que ele certamente recebeu", afirma Robert Eisenman, professor de religião e arqueologia da California State University. A pujança da cidade vizinha ajudaria a entender a instrução elevada de Cristo. "A cena do nascimento na manjedoura em Belém, que dificilmente aconteceu, deixa a impressão de que Jesus teve uma infância pobre. Mas nada nos textos bíblicos indica isso, e Séforis era bastante rica, com muito emprego e centros de formação", diz Eisenman.

As histórias sobre a infância de Jesus também são encontradas nos chamados evangelhos apócrifos (não reconhecidos pela Igreja) e até nos textos da Ordem Rosa Cruz, que compilou versões gnósticas, entre elas a história da educação na Índia. O Evangelho de Pseudo-Tomé tenta resgatar sua vida entre a volta da temporada no Egito, aos 4 anos, e o episódio do encontro com os rabinos, aos 12 – descrito no *Evangelho de Lucas*. Ao que tudo indica, o autor, de origem gentia, reuniu relatos orais e epístolas. "O Evangelho de Pseudo-Tomé é o mais influente texto apócrifo sobre a infância de Jesus", diz James Tabor, professor da Universidade da Carolina do Norte.

FÚRIA DE CRIANÇA

Uma das passagens do Evangelho de Pseudo-Tomé conta uma história que também está citada no *Alcorão*. Menino, Jesus fez 12 pássaros de barro durante o sábado. Seu pai, José, o repreendeu, por trabalhar em um dia considerado santo para os judeus. Como resposta, ele soprou os pássaros, que imediatamente ganharam vida. Em outra passagem, dá vida a um peixinho morto. Certa vez, desafiou seus amigos a subir por um raio de sol que entrava pela janela. Ninguém topou, e então ele mesmo caminhou sobre o raio.

O mesmo evangelho mostra um lado pouco conhecido e sombrio de Jesus. O filho do escriba Anás destrói uma pequena represa que o menino havia construído. Furioso, ele lança uma maldição: "Ficarás agora seco como uma árvore". E o garoto fica paralisado. No texto, ele aparece como responsável pela morte de mais dois meninos. Outra criança é amaldiçoada depois de dar um soco em Jesus. Os pais da vítima procuram José e Maria para reclamar e Jesus faz com que fiquem cegos. Em compensação, ao ser acusado de ter empurrado Zenon, um garoto que morrera ao cair de um terraço, ele ressuscita o menino só para que ele confirmasse sua versão. "Essas variações foram elaboradas séculos depois da morte de Cristo, quando a Igreja já estava solidificada. Elas ao mesmo tempo justificavam o poder divino de Jesus e eram coerentes com os relatos tradicionais: o mesmo líder que mata um amigo mais tarde teria um acesso de raiva e atacaria os mercadores do templo de Jerusalém", diz James Tabor.

Jesus também salvou seu irmão Tiago, quando ele foi picado por uma cobra – bastou assoprar sobre a mordida para que o garoto, que estava quase morto, ficasse curado na hora. Irmão? "Jesus teve irmãos, disso não resta a menor dúvida", afirma Robert Eisenman. "Os textos sagrados fazem referência a eles, e a cultura e a economia locais não possibilitavam a existência de uma família pouco numerosa." Os Evangelhos citam seis, duas mulheres, das quais se desconhecem os nomes, e quatro homens: Tiago, Judas, José e Simão. A interpretação de que "irmãos" é uma tradução aberta da expressão grega *adelphos*, que dá espaço para considerar que eles eram primos ou discípulos muito fiéis, não se sustenta – ainda que seja a oficial para a Igreja Católica. "Muitas denominações cristãs, em especial os católicos, usam este argumento, mas ele não faz sentido", afirma Tabor.

Jesus também é questionador: desafiou os conhecimentos de pelo menos dois de seus professores, que desistiram de ensinar a ele as leis judaicas – o que dá a entender que o jovem Cristo não tinha muita paciência para as aulas, que na época eram particulares e muito caras. Mais do que isso. Ele corrigia seus professores – e fazia questão de ensinar a eles o real significado das Escrituras. Um de seus tutores, de acordo com o Evangelho de Pseudo-Tomé, tenta ensinar-lhe grego. "Diga alfa", diz o professor. "Primeiro me diga o significado de beta", rebate o menino. Irritado, o mestre tenta bater em Jesus. E na primeira palmada cai morto.

O MESSIAS CASADO

Não é de hoje que se discute se Jesus foi casado – a maior candidata a esposa é Maria Madalena, a seguidora que, de acordo com os Evangelhos canônicos, descobriu que o túmulo do mestre estava vazio três dias depois de sua morte e anunciou a novidade aos discípulos (e, com isso, tornou-se a primeira apóstola em sentido literal, a primeira pessoa a divulgar a boa-nova). Um fragmento de um antigo papiro, divulgado em setembro, fornece a primeira evidência concreta a respeito do casamento de Jesus. O texto, escrito em copta, uma língua egípcia baseada no grego, afirma: "E Jesus disse: 'Minha mulher'". Em outro trecho, encontra-se a frase: "Ela poderá ser minha discípula".

A professora Karen King, da Universidade Harvard, teve acesso ao pedaço de papiro, de apenas 4 por 8 cm. Ela foi procurada por um colecionador privado, que adquiriu a peça no Egito ou na Síria. Karen cruzou evidências com tradutores, arqueólogos e historiadores, até trazer a público a informação de que o texto, possivelmente uma cópia em copta, feita no século 4, de um texto em grego datado do século 2, indica que Jesus foi casado. Mas não diz com quem. De toda forma, a professora afirma que esse papiro pode fazer parte de um Evangelho da Esposa de Jesus, um texto apócrifo mais longo com informações sobre a vida conjugal do Messias.

Karen foi criticada pelo Vaticano, que não levou a sério a descoberta e desmentiu o papiro no jornal *Osservatore Romano*. O celibato entre padres e freiras é obrigatório desde o século 12, sob o argumento de que os seguidores de Cristo deviam respeitar seu exemplo e se manter castos. "O fragmento não serve como prova, mas é o primeiro documento escrito que cita que Jesus pode ter tido uma esposa", diz a pesquisadora.

A discussão começou logo nos primeiros séculos depois da morte de Jesus. Os primeiros textos que afirmam que Cristo era celibatário datam do ano 200, por obra do teólogo Clemente de Alexandria. Antes disso, não havia nenhuma referência indicando seu estado civil – até o aparecimento do papiro. "Clemente deu início a um movimento que argumentava que Jesus preservou sua pureza. Os líderes da Igreja acabaram por aceitar essa posição, mas mesmo em Roma ela foi polêmica por muitos séculos", afirma Karen. "Não fazia sentido um judeu do século 1 ter se mantido casto. Seus discípulos diretos não eram, e os primeiros líderes da igreja divergiam sobre o assunto. Alguns não viam problema no casamento, outros diziam que o líder religioso deveria se dedicar exclusivamente a seus fiéis."

O chamado Evangelho da Esposa de Jesus tem semelhanças com o Evangelho de Maria, um texto descoberto em 1896 e publicado em 1955. Nele, Madalena é uma discípula importante, cujos conhecimentos dos ensinamentos de Jesus superam até os de Pedro, o primeiro bispo. No Evangelho de Maria, Pedro diz a Madalena: "Irmã, sabemos que o Salvador te amava mais do que qualquer outra mulher. Conta-nos as palavras do Salvador, as de que te lembras, aquelas que só tu sabes e nós nem ouvimos".

Se Jesus foi casado, será que teve filhos? Não há evidências históricas nem relatos de época que apontem que sim ou que não. Mas, com base na hipótese de Cristo ter sido casado com Madalena, é possível supor que exista uma árvore genealógica para os descendentes do filho de Deus. Os autores Michael Baigent, Richard Leigh e Henry Lincoln defendem que o filho de Jesus e Maria Madalena deu origem à dinastia merovíngia. Donovan Joyce argumenta que Cristo teve vários filhos, que viveram na Cashemira. A romancista americana Kathleen McGowan foi mais longe: afirma ser ela mesma descendente direta do casal. Seus livros sobre Madalena venderam mais de 1 milhão de exemplares.

O JULGAMENTO DE JESUS

As 12 horas que separam a prisão da morte de Jesus guardam uma série de mistérios. Por que ele foi detido? Do que foi acusado? Como o condenaram? Quem o matou?

· CARLA ARANHA ·

Edição 8 • Abril 2004

O prisioneiro caminha lentamente para a execução. Seu sangue escorre pelas feridas em carne viva. O fim está próximo. Em poucas horas o homem que irá mudar a História da humanidade morrerá pendurado em uma cruz. Está para começar uma das maiores polêmicas de todos os tempos. Quase 2 mil anos após a morte de Jesus de Nazaré, os detalhes sobre o julgamento que o levou à crucificação ainda são capazes de provocar debates explosivos.

Primeiro, porque os únicos relatos daqueles momentos são os textos religiosos contidos na *Bíblia*. "Não bastasse isso, os quatro Evangelhos (os livros que contam a vida de Jesus atribuídos a Mateus, Marcos, Lucas e João) divergem entre si em diversos pontos da narrativa. Não se conhece a sequência dos fatos e como ocorreram, o que contribui para que sejam suscitadas tantas polêmicas", diz o historiador André Chevitarese, professor da Universidade Federal do Rio de Janeiro (UFRJ).

Segundo, porque os Evangelhos impingem grande parte da responsabilidade pela prisão e condenação de Jesus aos sacerdotes judeus que o julgaram em primeira instância, livrando o romano Pôncio Pilatos, a autoridade máxima na Palestina na época, de qualquer vestígio de culpa. O cristianismo moderno rebate essa versão e nega que os judeus da época de Jesus tenham sido os únicos culpados. Já os historiadores discutem se os fatos narrados na *Bíblia* têm base nas leis judaicas e romanas antigas, à procura de esclarecer a verdade. "Mas os cristãos fundamentalistas ainda interpretam os Evangelhos de forma antissemita", diz o padre e teólogo Antônio Manzatto, da Faculdade de Teologia Nossa Senhora da Assunção, em São Paulo. "É o que faz Mel Gibson em seu filme *A Paixão de Cristo, [lançado em 2004].*"

As polêmicas provocadas pelo filme, que bateu recordes de bilheteria nos Estados Unidos e quando chegou ao Brasil sofreu ameaças de proibição, têm o mérito de levar ao público questões normalmente restritas aos meios acadêmicos. Afinal, quem matou Jesus? Como se deu o processo que levou à sua condenação? Qual foi a responsabilidade do povo judeu, das pessoas comuns? Para responder a essas perguntas, primeiro é preciso entender o contexto histórico em que esses fatos extraordinários teriam ocorrido.

O RÉU: JESUS DE NAZARÉ

Atualmente, estuda-se cada vez mais sobre Jesus. Contudo o que a História sabe sobre ele não avançou muito nos últimos 2 mil anos. Além da *Bíblia*, são raríssimas as referências a Jesus. Há os chamados Evangelhos de Nag Hammadi, encontrados no Egito em 1945. São mais de 60 textos escritos em copta (idioma falado no Egito bizantino) e que faziam parte de uma coleção de textos cristãos do século 4. Esses livros revelam um Jesus místico, milagreiro, mas muito pouco somaram ao personagem histórico.

Já os chamados Manuscritos do Mar Morto, escritos em aramaico (a língua falada na Palestina na época de Jesus), entre 152 a.C. e 68, pelos essênios (uma seita judaica contemporânea de Jesus), tinham um ótimo potencial para renovar o conhecimento histórico sobre Jesus. Encontrados em 1947, em Qumram, Israel, só foram completamente decifrados em 2002 e não citam Jesus nenhuma vez.

A historiografia grega e judaica tão pródiga em personagens da Antiguidade também ignora Jesus. Restam-nos os textos romanos, escritos todos depois da morte de Jesus. Entre eles, os de Flávio Josefo, autor de Antiguidades Judaicas. Porém uma dúvida paira sobre o trecho em que cita Jesus. Josefo afirma que ele "fazia milagres" e que "apareceu três dias depois da sua morte, de novo vivo". Para Angelos Chaniotis, do Centro de Estudos de Documentos Antigos da Universidade de Oxford, é discutível que esse trecho seja realmente de Josefo. "Um judeu que se tornou cidadão romano não acreditaria que Jesus era o Messias." Para ele, o trecho deve ter sido adicionado pelos monges cristãos que tiveram acesso ao texto a fim de copiá-lo, entre os séculos 6 e 11.

Se são raras as vozes da História sobre a vida de Jesus, o silêncio é ainda maior quando se procuram vestígios arqueológicos. Em 2002, anunciou-se o que seria a redenção dos que acreditam nos

Evangelhos: uma urna funerária com o nome de Jesus escrito. Meses depois provou-se que era uma falsificação. Até hoje não se descobriu nenhum traço arqueológico diretamente associado a Jesus.

No entanto, a arqueologia tem tido sucesso em fornecer subsídios para reconstruirmos o momento histórico no qual teria vivido Jesus. Um exemplo é o trabalho nas imediações de Nazaré. Escavações encontraram grande número de construções romanas do século 1. O fato jogou nova luz sobre a profissão de Jesus. A palavra usada na *Bíblia* para designar o que Jesus fazia é *tekton*, que tanto pode significar carpinteiro como biscateiro. "As novas descobertas mostram que a Galileia, e em particular a região de Nazaré, era um verdadeiro canteiro de obras na época de Jesus. Praticamente todos os homens adultos estavam envolvidos com alguma atividade ligada à construção civil", diz Gabriele Cornelli, professor da Universidade de Brasília. Mas como esse camponês que ajudava a erguer paredes para os romanos acabou condenado e morto alguns anos depois?

A ACUSAÇÃO: BLASFÊMIA

A Galileia da época de Jesus vivia um período de extrema pobreza. "A região, ao norte da Judeia, sempre havia sido pobre. Mas não miserável, como durante a dominação romana", escreveu John Dominic Crossan, teólogo irlandês-americano e autor de *O Jesus Histórico, a Vida de um Camponês no Mediterrâneo*. Segundo ele, os camponeses tinham de pagar impostos ao Império Romano, que havia tomado Jerusalém em 63 a.C., aos sacerdotes do Templo em Jerusalém, e ao rei Herodes Antipas. Isso deveria consumir pelo menos dois terços de toda a produção, segundo os cálculos de Crossan. Como resultado de tripla tributação, a população empobrecia e perdia a esperança de tempos melhores.

Também havia uma crescente desconfiança em relação aos sacerdotes do templo. "Em várias passagens dos Evangelhos, Jesus critica duramente os sacerdotes por desprezarem os pobres e darem importância excessiva ao ouro", diz o teólogo Fernando Altemeyer, da Pontifícia Universidade Católica de São Paulo. Esse descontentamento geral explodiria na guerra dos judeus contra Roma, que durou do ano 66 ao 70. Uma das primeiras ações dos rebeldes foi invadir o templo e rasgar todas as listas de devedores, os maus pagadores de impostos, que ficavam guardadas no local. Roma acabaria vencendo, e o templo foi destruído. "Mas o fato mostra que a revolta contra a cobrança de impostos e a política da elite sacerdotal era imensa", diz André Chevitarese.

Era o cenário propício para que líderes como Jesus fossem ouvidos. A visão mais aceita hoje em dia é que Jesus, que vinha da parte mais afastada do Império Romano, era mais um entre tantos pregadores. Essa interpretação é sustentada por estudiosos como o padre católico John P. Meier, autor americano de *Um Judeu Marginal, Repensando o Jesus Histórico*. "É um fato que na época de Jesus devia haver pelo menos outras cinco ou seis pessoas que se diziam o Messias", afirma Antônio Manzatto.

O poder local, formado por uma aliança entre a elite judaica e os romanos, via esse movimento de líderes messiânicos com desconfiança. "O discurso era revolucionário, o que poderia abalar as estruturas do poder", diz André. O de Jesus era seguramente bombástico. Ele pregava a igualdade, o respeito aos pobres, o amor.

Mas, se Jesus era apenas um dentre tantos pregadores messiânicos, tudo mudou quando ele chegou a Jerusalém, pouco antes da Páscoa judaica, por volta do ano 30. Naquela época, Jerusalém triplicava de tamanho. Apesar de não ser a capital romana do território ocupado (os romanos preferiam governar de Haifa, de frente para o Mar Mediterrâneo), lá ficava o Sinédrio, instituição judaica que funcionava como tribunal e poder legislativo, além do palácio de Pôncio Pilatos, a casa de Herodes Antipas, o rei e, é claro, o Templo Sagrado.

Segundo os Evangelhos, Jesus já era conhecido na Galileia por suas pregações, seus milagres e pela cura de enfermos quando chegou a Jerusalém. De acordo com as leis e tradições judaicas, isso bastava para ser considerado um blasfemo. A cura, na época, era um monopólio divino. No entanto, sua chegada a Jerusalém foi ainda mais recheada de provocações à ordem. Ao entrar na cidade a uma semana da Páscoa, sentado em um jumento, ele comparou-se ao Messias, invocando deliberadamente a profecia do livro de Zacarias sobre a sua chegada ("Aí vem o teu rei, justo e salvador, montado num burrinho"). A ofensa final, no entanto, foi invadir o templo e expulsar fariseus e saduceus. Se isso tiver ocorrido como dizem os Evangelhos, ele acabava de comprar uma briga e tanto.

OS JUÍZES: JUDEUS OU ROMANOS?

Segundo a *Bíblia*, Jesus estava reunido com seus seguidores no Monte das Oliveiras, em Jerusalém, quando foi preso, à noite, depois de ser traído por Judas. Jesus teria sido detido pelos guardas do templo, por ordem do Sinédrio – o conselho formado pela elite judaica que controlava o santuário. Mas há controvérsias. Segundo o próprio *Evangelho de Mateus*, a população da cidade estranhou uma patrulha àquela hora na rua. De fato, isso seria pouco comum. "Para operar além das paredes do templo, os guardas devem ter contado com o apoio de soldados romanos", diz a historiadora Norma Musgo Mendes, da Universidade Federal do Rio de Janeiro.

Os evangelistas discordam quando relatam os fatos após a prisão de Jesus. Em comum, eles trazem a versão de que os sacerdotes do templo decidem não condená-lo à pena capital. Se fosse sentenciado à morte pelo Sinédrio, provavelmente seria apedrejado. O prisioneiro é então enviado para a autoridade suprema local, o procurador romano na Palestina, Pôncio Pilatos, a quem cabia julgar questões de interesse do Império.

Aqui, começa outra grande polêmica sobre a narração bíblica. Não haveria nenhuma razão para Jesus não ser condenado sumariamente por Pilatos, mas os Evangelhos, única fonte escrita do processo, contam que o governador teria hesitado em sentenciar Jesus e tentado libertá-lo pelo menos duas vezes. Numa, após interrogar Jesus e, tendo-o considerado inocente, resolveu soltá-lo, mas voltou atrás quando foi vaiado pelo povo que acompanhava o julgamento. Em outra, teria pedido que o povo escolhesse entre Jesus e Barrabás, um criminoso conhecido, para que ele soltasse um deles, em um perdão especial devido à Páscoa. O povo teria escolhido Barrabás para ser salvo. No fim, Pilatos teria lavado as mãos, para simbolizar sua inocência em relação ao veredicto. Segundo um dos Evangelhos, o de Lucas, o governador ainda teria mandado Jesus para o rei Herodes, mas este não aceitou julgá-lo e o enviou de volta.

Para alguns historiadores, todo o julgamento é inverossímil, distante das práticas das autoridades romanas na Palestina. "Jesus não era uma pessoa importante na época, era mais um pregador que vinha da distante Galileia. O mais provável é que ele nem sequer tenha sido julgado, mas, em vez disso, condenado sumariamente à morte", afirma Gabriele Cornelli. Segundo ele, a passagem do julgamento no Novo Testamento foi escrita com o propósito de orientar os primeiros cristãos a como se portar diante dos sacerdotes e dos romanos.

André Chevitarese concorda. "Os Evangelhos devem ser lidos não como uma reportagem, mas como um programa teológico com fundo histórico", diz. Ele defende que os autores dos Evangelhos, que foram escritos entre 40 e 80 anos após a morte de Jesus (e, portanto, depois que os romanos destruíram Jerusalém), utilizaram a narração do julgamento de Jesus para reforçar a cisão entre cristãos e judeus. "Isso era fundamental para afirmar os preceitos da nova religião, e, ao mesmo tempo, não cutucar o Império Romano, com o qual o cristianismo teria de conviver", afirma André.

Essa análise dos relatos explicaria por que Pilatos é retratado de modo tão brando nos quatro Evangelhos. "Até a mulher dele, Cláudia, tenta influenciar o julgamento, a favor de Jesus. Tudo para construir a imagem de um Pilatos bonzinho, e não o típico governante romano que estava lá para fazer valer a lei e a ordem", diz André. No entanto, Filão, o Judeu, historiador que viveu entre 20 a.C. e o ano 50 menciona a crueldade de Pilatos e seu autoritarismo em centenas de casos de julgamentos de rebeldes e escravos (aliás, Filão também não se refere a Jesus).

O teólogo Paul Winter, autor de *Sobre o Processo de Jesus*, aponta outras passagens conflitantes. Para ele, a cena em que o povo escolhe Jesus para morrer no lugar de Barrabás não faz sentido do ponto de vista histórico. Primeiro, havia quatro prisioneiros para serem julgados, incluindo os dois ladrões que morreram na cruz ao lado de Jesus. Nesse caso, de acordo com Winter, não faria sentido o povo escolher um entre dois prisioneiros, e não entre quatro. Em segundo lugar, o hábito de libertar um preso na Páscoa era raro, e não um fato comum como fazem crer os textos bíblicos.

O VEREDICTO: CULPADO DE SEDIÇÃO

Outro dedo a apontar para Pilatos e os romanos, quando se procura um culpado pela morte de Jesus, é o debate sobre por qual crime, afinal, ele foi condenado. Vimos que, segundo os Evangelhos, os judeus do templo de Jerusalém o acusaram de blasfêmia, mas o historiador Geza Vermes, da Universidade de Oxford, Inglaterra, duvida disso. "Casos de pessoas que se autoproclamavam Messias eram comuns naquela época e não espantavam mais ninguém", afirma. "Jesus foi levado à morte por crime de sedição, de rebeldia política contra os interesses romanos. Só isso justificaria o fato de ter sido julgado por Pilatos e condenado à crucificação."

Para a historiadora Norma Mendes, é possível que tenha havido uma aliança entre os sacerdotes judeus e os romanos para que Jesus fosse condenado à morte. Aí faria sentido que o Sinédrio o acusasse de blasfêmia e o apresentasse a Pilatos como agitador político, para que fosse morto sem a participação direta da elite judaica.

A PENA: CRUCIFICAÇÃO

"Uma vez que Jesus foi condenado por Pilatos, como aparece na *Bíblia*, a pena podia ser uma só: crucificação, precedida de açoitamento", diz o historiador e arqueólogo Pedro Paulo Funari, da Universidade Estadual de Campinas, no interior de São Paulo. Essa era uma pena bastante comum nos territórios ocupados pelos romanos. No ano que Jesus nasceu, por exemplo, mais de 2 mil condenados foram mortos dessa forma. A crucificação era considerada a mais degradante e brutal pena capital. Primeiro, o condenado era violentamente espancado, chicoteado e flagelado. Depois disso, uma pesada tora de madeira era colocada sobre suas costas e seus braços, presos às extremidades. Assim ele carregava sua cruz até o local onde seria erguida. O condenado podia ter o calcanhar preso com pregos à madeira, ou as mãos, se não fossem amarradas com cordas.

O teólogo Antônio Manzatto acredita que o sofrimento de Jesus descrito na *Bíblia* seja fiel ao que realmente ocorria em casos de crucificação. Para ele, não haveria interesse dos evangelistas de exagerar na narrativa dos sofrimentos de Jesus. "O mais importante naquele momento era ressaltar a mensagem do fundador da nova religião. Jesus deve ter sofrido como todos que eram crucificados. Nem mais, nem menos", afirma.

Segundo Pedro Paulo Funari, a morte na cruz advinha da sede e da asfixia causada pela posição em que o corpo ficava pendurado. O suplício poderia levar dias. No caso de Jesus, que, segundo os Evangelhos, morreu em poucas horas, isso poderia ser explicado pela perda excessiva de sangue, já que ele teve as mãos pregadas à cruz. Guardas romanos tomavam conta o tempo todo do lugar, não permitindo que dessem água ao condenado ou o tirassem da cruz. A agonia era assistida por familiares e a população em geral.

A falta de sepulturas para os milhares de crucificados daquela época levou os historiadores e arqueólogos a uma conclusão surpreendente: os corpos crucificados não eram retirados da cruz, mas deixados expostos aos elementos até serem devorados pelos abutres e cães. "É a única explicação plausível. O que teria sido feito dos restos mortais dos condenados crucificados que jamais foram encontrados?", diz o historiador Gabriele Cornelli. Segundo ele, fazia parte da pena a humilhação pública, mesmo depois da morte.

No caso dos familiares de Jesus, é possível que tenham obtido autorização para levar seu corpo. "Os romanos concediam essas autorizações às vezes", afirma Norma Mendes. Três dias depois que Maria recolheu os restos mortais de seu filho, tem início o maior relato de fé até então conhecido, a ressurreição. Está para nascer não só o Cristo ("o ungido", em grego) mas uma religião que abraçaria todo o mundo ocidental a ponto de hoje, dois milênios após os fatos analisados nesta reportagem, o cristianismo ser o credo de mais de 2 bilhões de pessoas e influenciar o modo de pensar e agir de grande parte da humanidade. "Direitos humanos, amor ao próximo, perdão, são todos preceitos morais que regem a vida da maioria das pessoas, sejam elas cristãs ou não", diz o teólogo Antônio Manzatto. "Faz todo o sentido que sua vida seja objeto de tantos estudos e polêmicas."

OS VESTÍGIOS DE JESUS

Dois milênios depois de fundar a religião mais influente do Ocidente, Cristo continua sendo redescoberto. Seis relíquias, em especial, lançam novas luzes sobre aspectos misteriosos e polêmicos de sua vida

· TIAGO CORDEIRO ·

Edição 149 • Dezembro 2015

O poder simbólico das relíquias é enorme. E não apenas para as pessoas religiosas. O mercado de autógrafos de celebridades, o comércio de mechas de cabelo e objetos pessoais, o turismo a casas onde pessoas de renome viveram... Objetos que foram tocados por pessoas importantes são considerados especiais, como se tivessem absorvido uma centelha de genialidade. Quando se trata da vida do filho de Deus segundo os cristãos, então, qualquer relíquia ganha ares de sagrada e milagrosa.

Desde o crescimento do cristianismo, a partir do século 2, começou a busca por objetos que tenham feito parte da vida, da morte e da ressurreição de Jesus. Em séculos mais recentes, para parte considerável dos cientistas, pensadores e formadores de opinião ocidentais, as relíquias do cristianismo perderam apelo religioso. Mas continuaram importantíssimas. "Documentos e objetos capazes de comprovar ou alterar informações conhecidas sobre o homem que tanta gente considera o filho de Deus são capazes de conciliar ciência e fé", afirma Mark Goodacre, professor do Departamento de Religião da Universidade Duke.

Seis peças, em especial, reabriram discussões polêmicas sobre aspectos cruciais da vida de Cristo. Em comum, todas carregam o fato de que são difíceis de comprovar – e, mesmo quando parecem autênticas, abrem margem para debates intermináveis. Somadas, elas mostram novas facetas de Jesus Cristo, a personalidade histórica mais importante do Ocidente nos últimos dois milênios.

A CRUZ SAGRADA

Os romanos crucificaram dezenas de milhares de pessoas ao longo de cinco séculos. Ainda assim, é praticamente impossível encontrar um pedaço de madeira (possivelmente carvalho) que tenha sido usado em uma cruz. As colunas de sustentação ficavam fincadas no solo e se perderam com o tempo. E os mastros horizontais, que os condenados carregavam para que fossem pregados a seus punhos, eram todos reaproveitados. Ainda assim, pedaços da cruz de Jesus estão espalhados por mais de mil diferentes igrejas do mundo. Como é possível?

"Não é", responde Mark Goodacre. "As buscas pela cruz de Cristo começaram 200 anos depois de sua morte. Mesmo que os discípulos tivessem ido atrás da relíquia já no dia seguinte à crucificação, dificilmente encontrariam a madeira correta." Neste território de lendas, a maneira como o objeto original teria sido encontrado é cercada de histórias fantásticas. A mais citada faz referência a Helena, mãe do imperador Constantino, que transformou o império romano em cristão. Já muito idosa, a imperatriz, e governante de fato do reino, seguiu da capital até Jerusalém, onde chegou no ano 328. Graças a uma visão, teria encontrado no monte Gólgota o lugar exato onde estavam três cruzes: a de Jesus e a dos dois ladrões que o acompanharam no suplício segundo os Evangelhos. Para selecionar qual seria a correta, ela teria colocado cada uma delas diante de uma senhora moribunda, levada até o local. No contato com duas, a mulher teria gritado, horrorizada. Ao olhar a última, teria se levantado sorrindo, curada e bem-disposta – afinal, a simples visão do objeto que tocou o corpo, o sangue e o suor de Jesus em seus momentos finais na Terra, antes da ressurreição, seria mais do que suficiente para operar milagres. Já em Jerusalém, a imperatriz Helena teria mandado partir a relíquia em dois pedaços. Levou um para Roma e manteve o outro na cidade da crucificação. Desde então, a peça teria sido quebrada em pedaços menores e distribuída para igrejas e mosteiros da África, da Ásia e do Oriente Médio.

Em 2013, o caso da verdadeira cruz de Jesus sofreu uma reviravolta: arqueólogos que trabalham na igreja do mosteiro de Balatlar, em território turco, anunciaram ter encontrado uma urna de pedra contendo um pedaço de madeira. A urna data do século 7 e teria sido usada para guardar o presente enviado aos monges que habitavam o local. "É totalmente possível que ela estivesse guardada em outro local antes e, no mosteiro, tenha sido preservada pelo tempo", diz Gülgün Köroglu, a arqueóloga que lidera uma força-tarefa que vem escavando o local desde 2009.

EVANGELHO DA ESPOSA

"Evangelho" é exagero para definir o texto polêmico, descoberto muito recentemente e trazido a público em 2012, pela historiadora Karen King, da Universidade Harvard. Poucas linhas de texto apenas parcialmente legível, traçadas sobre uma peça menor do que um cartão de visitas, provocaram um turbilhão de interpretações e análises contraditórias entre si. Mais de uma vez, o papiro foi tratado como fraude em definitivo ou como peça de valor histórico incalculável. A obra inteira, ou ao menos a parte que sobreviveu, tem oito linhas.

Datado entre os séculos 4 e 9 e escrito em copta, uma antiga língua egípcia, o manuscrito foi comprado em 1999 por seu atual proprietário, um colecionador anônimo. Dez anos depois, Karen teve acesso a ele e decidiu divulgar seu conteúdo, alegando que se tratava de uma tradução de um evangelho mais antigo, possivelmente elaborado em grego e datado do século 2. A favor da historiadora está o fato de que o papel parece mesmo ser antigo e é impossível comprovar que a tinta seja recente – afinal, papiros velhos são facilmente encontráveis no mercado negro de antiguidades, mas é preciso provar também a autenticidade de seu conteúdo.

O maior dos problemas apontados contra o evangelho surgiu em 2013, quando o pesquisador Christian Askeland, do Instituto de Pesquisa Bíblica em Wuppertal, na Alemanha, divulgou um estudo comparando o chamado Evangelho da Esposa de Jesus com outro texto, uma versão do *Evangelho de João* também cedido a Harvard pelo mesmo colecionador. Askeland concluiu, de maneira arrasadora: os dois textos são fraudes, cópias alteradas de um papiro antigo publicado em livro em 1923.

Ainda que os céticos tenham razão e o evangelho seja uma fraude, o texto preserva seu impacto. Parece confirmar a tese de Dan Brown a respeito da importância de Maria Madalena. Nascida provavelmente na cidade de Magdala, na costa ocidental do Mar da Galileia, era uma discípula fiel, que presenciou a morte de Jesus e se preparou para perfumar o corpo morto três dias depois. As lacunas sobre sua história a transformaram em uma personagem ainda mais fascinante. Afinal, não se sabe se era jovem ou idosa, rica ou pobre, e qual exatamente sua relação com Jesus. Seu nome não é citado por nenhum texto posterior ao Novo Testamento. "Importante ela era. Ou então não estaria nos Evangelhos como a primeira pessoa a ver Cristo ressuscitado e receber dele a responsabilidade de divulgar a notícia aos demais", afirma a professora Candida Moss, especialista no início do cristianismo pela Universidade de Notre Dame.

Mesmo que a autenticidade do Evangelho da Esposa permaneça em discussão, vários dos evangelhos que não entraram para a *Bíblia* afirmam que Madalena era uma discípula especial, que entendia Cristo melhor do que os demais seguidores e, por isso, depois da morte de Jesus, vivia em conflitos constantes com Pedro, o primeiro papa. O Evangelho de Filipe, do século 3, vai um pouco mais longe, chama Madalena de companheira de Jesus e menciona beijos constantes entre os dois. Casamento talvez não. Mas não parece haver dúvidas que os dois mantinham uma relação muito especial.

OSSOS DE JOÃO BATISTA

No tempo de Jesus, a região da Palestina tinha acabado de ser ocupada pelos romanos. Dominados mais uma vez, os hebreus retomaram um hábito antigo, o de procurar pelo Messias, que os tiraria do ciclo de derrotas e humilhações que eles vinham atravessando. Jesus não era o único candidato a profeta dessa época, e nem de longe era o mais famoso. Havia outros, como Apolônio de Tiana, Simão, o Mago e Hanina ben Dosa. Em sua época, João Batista também era muito mais conhecido do que Cristo.

É o que sugerem os textos do judeu Flávio Josefo, escritos no século 1 e fonte independente importantíssima para confirmar que Jesus existiu. Josefo menciona muito mais João do que Jesus. Era de esperar, portanto, que houvesse alguma relíquia ligada a ele. Existem, de fatos, alguns ossos, principalmente dedos, além de quatro cabeças, expostas em diferentes lugares do mundo, todas supostamente de João. Mas a descoberta mais impressionante ligada ao profeta aconteceu em julho de 2010.

Encontrado sob os restos do altar da antiga basílica de Sveti Ivan, na ilha de Sozopol, na costa sul da Bulgária, um pequeno relicário continha um conjunto de seis pedaços de ossos, que foram testados em 2012 pela Universidade de Oxford. O exame indicou que as peças, que pertencem ao crânio, à mandíbula e ao braço, além de um dente, pertencem a um homem do Oriente Médio que viveu no século 1. Pela maneira como haviam sido preservadas, poderiam ter sido enviadas aos religiosos como um presente oferecido pela igreja cristã instalada em Constantinopla. Quem quer que seja, era alguém importante, com familiares ou seguidores dispostos a armazenar e preservar seus ossos. E foi cremado depois da morte, um costume comum entre os essênios.

João Batista costuma ser enquadrado como um dos líderes desse grupo que vivia afastado da sociedade e pregava a retomada dos costumes mais tradicionais do povo judeu, da maneira como foram definidos por Moisés. Os essênios deixaram textos que, reencontrados a partir de 1946 na Cisjordânia, formariam os famosos Manuscritos do Mar Morto.

O fato é que os textos sagrados alegam que foi Batista quem batizou Jesus, e não o contrário, um dado que apresentou vários problemas para os cristãos que vieram depois. "O fato de que os próprios Evangelhos canônicos colocam Jesus numa posição de inferioridade em relação a João cria um estranhamento que os próprios evangelistas tentam contornar", diz Tom Higham, historiador da Universidade de Oxford que conduziu os estudos sobre os ossos encontrados na Bulgária. João, diz o Novo Testamento, foi morto a mando do governador Herodes Antipas. Segundo Higham, não é impossível que exista, de fato, uma ossada do profeta. "Herodes admirava João e poderia ter autorizado os seguidores e preservar os restos mortais", afirma.

É possível que o homem fosse João, mas a tradição certamente afirmava que sim: o relicário que contém os ossos tinha inscrições em grego antigo mencionando o profeta. A prova definitiva não existe – ainda que tenha sido possível extrair o genoma completo dos ossos, não há uma base de dados dos códigos genéticos dos santos cristãos para estabelecer uma comparação. De toda maneira, evidências tão concretas a respeito de um profeta tão influente, e citado pelo mesmo Flávio Josefo que menciona Jesus, reforçam a tese de que, no mínimo, o fundador do cristianismo realmente existiu.

OSSUÁRIO DE TIAGO

Se Jesus tinha irmãos, das duas, uma: ou seu pai, José, vinha de outro casamento com filhos, ou sua mãe, Maria, nunca foi virgem – ou deixou de ser depois do nascimento de Jesus e voltou a engravidar. Mas o ossuário, divulgado no Canadá em 2002 com a inscrição "Ya'akov bar-Yosef akhui diYeshua" (ou "Tiago, filho de José, irmão de Jesus") era impactante também por outro motivo: seria a primeira vez que o nome de Cristo era encontrado em um objeto. Dali em diante, ficaria quase impossível duvidar que existiu, sim, um profeta conhecido como Jesus de Nazaré – afinal, a combinação dos três nomes escritos, na ordem de parentesco apresentada, torna quase impossível que se tratasse de um outro Jesus. Parecia bom demais para ser verdade. E era.

Tudo indica que a peça, de 25 centímetros por 50 centímetros, era uma falsificação, que chegou a ser julgada por um tribunal em Israel. Mesmo que não seja, os testes realizados para comprovar sua autenticidade se mostraram inconclusivos e, pior, danificaram o ossuário de maneira que não será mais possível descobrir nada sobre ele. É possível que a peça seja legítima, mas o texto acaba em "Tiago, filho de José". O falsificador teria acrescentado "o irmão de Jesus". A referência ao irmão, e não apenas ao pai, é raríssima em ossuários da época. Sinal de que ou o falsificador era mal-informado ou o ossuário era mesmo diferente e a menção ao irmão se mostrava importante.

Oded Golan, o colecionador processado pelo governo de Israel a partir de 2005, respondia por essas e outras acusações de fraude – Golan acabou condenado em 2012, mas por negociar peças sem autorização, e não por falsificação. Ele teria comprado o ossuário em

1970, de um vendedor sobre o qual diz não se lembrar de nada. Ao vir a público com todo o impacto em 2002, parecia ser o achado mais importante para os cristãos do século 21.

A peça atuaria em três frentes teológicas importantes. Comprovaria a existência de Jesus, reabriria o debate sobre a virgindade de Maria e traria nova luz para o apóstolo Tiago, um dos mais importantes para as origens da nova fé, mas que acabou vendo sua posição ser derrotada diante das opiniões de Pedro e, principalmente, de Paulo, até ser apedrejado até a morte, no ano 62. Primeiro bispo de Jerusalém, ele foi perseguido por uma multidão enfurecida. "Para Tiago, a religião de Jesus estava dentro do judaísmo e servia exclusivamente para judeus circuncidados. Se seguissem esse pensamento, os líderes não teriam levado o cristianismo para tão longe", diz o professor Mark Goodacre.

As análises sobre a peça despertaram desconfiança desde o começo, ainda que ninguém tenha conseguido provar que a inscrição era falsa – a urna em si, ao que tudo indica, realmente tem 2 mil anos. De toda maneira, não é mais possível fazer novos testes: em 2012, a falta de cuidado de pesquisadores selecionados pelo governo de Israel jogou qualquer nova tentativa por terra porque a camada de limo e resíduos que cobria as letras, e que indicaria a idade do texto escrito ali, foi destruída. De toda maneira, o objeto, suspeito desde o primeiro minuto, foi devolvido em 2013 para Oded Golan. Até hoje ele afirma que foi perseguido pelo governo e que não vê por que alguém duvidaria da autenticidade da relíquia.

EVANGELHO DE JUDAS

Não há motivo para duvidar da autenticidade do texto, descoberto por vendedores de relíquias na década de 1970, oferecido para acadêmicos e preservado em condições deploráveis por três décadas, analisado desde 2001 e anunciado ao mundo em 2006. O problema é: erros na tradução e a pressa na interpretação levaram o mundo a acreditar que o livro defende o apóstolo que teria traído Jesus. Na verdade, não é isso o que está escrito ali. E, apesar do que o nome com que ele foi batizado sugere, não se trata de um evangelho escrito por Judas.

Produzido possivelmente no século 2, o texto segue uma linha de misticismo tão diferente do cristianismo tradicional que deixou os historiadores sem saber como definir tantas maneiras, tão diversas entre si, de caracterizar Jesus e seus ensinamentos. Acabaram agrupando todos com a denominação de "gnósticos", expressão que vem do grego *gnosis* e significa "conhecimento". Encontrados em levas de textos nas ruínas de Nag Hammadi em 1948, de onde surgiram quase todos os textos cristãos apócrifos, esses evangelhos apresentam Cristo como o representante do verdadeiro Deus, muito maior do que o Javé das Escrituras e que, para parte dos autores, tem dois lados, um masculino e um feminino. E descrevem monstros e demônios variados, todos dispersos por este e por outros planos da existência.

"São textos muito diferentes dos canônicos. Eles não se propõem a descrever a vida do filho de Deus, mas a interpretá-la e encaixá-la em um conjunto de forças espirituais grandiosas e que vêm de tradições muito distantes do judaísmo", afirma Louis Painchaud, professor da Faculdade de Teologia e Ciências Religiosas da Universidade Laval, no Canadá. No geral, para esse grupo díspar de autores, a centelha divina está dentro de cada ser humano. Os mais famosos desses Evangelhos são os de Tomé, Pedro e Filipe. Mas o de Judas surgiu depois, e de uma maneira que só poderia provocar barulho.

Trata-se de um diálogo fictício entre Jesus e seu discípulo famoso por tê-lo traído em troca de 30 moedas de prata. Na tradução apresentada em 2006, Cristo dizia que Judas fora "separado para uma santa geração". Acontece que a publicação levou centenas de especialistas em copta, a linguagem original do texto, a se debruçar sobre o evangelho. O que eles perceberam é que ali Jesus diz, na verdade, que Judas fora "separado de uma santa geração".

"No Evangelho de Judas, Judas continua sendo traidor", diz Louis Painchaud. Mesmo que a intenção fosse interpretar o texto de forma literal, seria preciso aceitar que, para esse autor, Deus é uma nuvem luminosa, que criou um panteão de entidades menores que interferem na vida humana. Esses deuses é que teriam gerado o corpo físico de Adamas, o pai espiritual da humanidade, que conhecemos como Adão. Nesse Evangelho, Jesus muda de forma, pode aparecer com a aparência de uma criança, e é capaz até mesmo de deixar o mundo físico, visitar o plano celestial e retornar. Judas é citado como um demônio, o 13º, um dos mais importantes – relacionado a Ialdabaoth, o chefe do 13º inferno localizado abaixo da terra.

Ao chamar Judas de Iscariotes, os Evangelhos canônicos indicam que ele vem de uma vila ao sul da Judeia, a cinco dias de viagem da Galileia de Jesus e seus outros discípulos. Acontece que a Judeia é que era o centro dos acontecimentos da região na época. Judas pode muito bem ter sido um discípulo importante, por ser nascido em uma área mais central. E, por que não, concordado em entregar Jesus, um gesto sem o qual a morte na cruz e a ressurreição não aconteceriam. Mas não é isso o que transparece do texto gnóstico – o que não quer dizer que não seja uma leitura curiosa para os cristãos acostumados aos relatos mais áridos dos Evangelhos tradicionais.

SANTO SUDÁRIO

As duas opiniões sobre a peça de tecido que teria coberto o corpo de Jesus são difíceis de digerir. Para parte dos pesquisadores, Cristo marcou o Sudário com seu próprio sangue de uma forma que deixou registrado seu rosto, seu corpo e as marcas de seu martírio. Para os demais, a peça é obra de um artesão extraordinário, com conhecimentos avançadíssimos de anatomia, aplicação de sangue a tecido e técnicas de fotografia – um gênio tão acima de seu tempo que sua obra parece tão milagrosa quanto a versão em que os fiéis cristãos preferem aceitar.

Para cada novo teste no tecido, um dos lados do debate parece sair vencedor. Isso porque, independentemente da autenticidade, a peça é extraordinária. Feita de linho e medindo 4,30 m por 1,10 m, ela teria coberto o cadáver nu do filho de Deus por três dias, até que ele ressuscitasse. Ou então mais uma falsificação produzida durante a Idade Média, uma época em que toda igreja de respeito mantinha uma coleção de relíquias de Cristo e dos santos.

A peça, que veio a público no século 14, mostra um rosto perfeito, reproduzido em três dimensões e de traços coerentes com um homem de cerca de 30 anos do Oriente Médio da época – o que por si só já é espantoso, considerando que os artistas da Idade Média, em geral, preferiam retratar Cristo com a pele mais clara e os traços mais finos. Além disso, as marcas de flagelação e crucificação são coerentes com noções de anatomia que um artista do século 14 não teria, a menos que agredisse e crucificasse um homem para observar os efeitos da tortura.

O primeiro registro conhecido da peça data de 1390 e já é polêmico: em memorando ao antipapa Clemente VII, o bispo Pierre d'Arcis aponta que ele é uma fraude e que o autor já havia confessado. Mas essa pode ter sido outra peça, uma das muitas que circulavam pela Europa na época. A versão mais conhecida para sua origem é que ela teria surgido pelas mãos do cavaleiro Geoffroi de Charny.

A crença na autenticidade da peça aumentou no século 19, quando o material foi fotografado e mostrou que o Sudário funcionava como um negativo, que quando revelado expõe o corpo de um homem com grande riqueza de detalhes. Por outro lado, a força do Sudário despencou quando um pedaço foi submetido a datação com carbono, que indicou que o linho era muito mais novo do que deveria.

O debate parecia encerrado, até que, em 2014, uma nova análise comprovou que os padrões das manchas de sangue combinam com um corpo crucificado à maneira dos romanos. Testes realizados nos últimos anos indicam que o tecido é comum em Jerusalém do século 1 e o pólen que aderiu a ele é bastante comum em Israel. O problema é que, para cada evidência, surgem discussões sobre os métodos aplicados e a amostragem recolhida.

A Igreja não costuma se pronunciar sobre o assunto e é rigorosa para liberar amostras do Sudário. Mas, em junho de 2015, o papa Francisco visitou a relíquia, que desde 1694 está guardada na catedral de São João Batista em Turim, onde eventualmente é exposta para o público. O pontífice já havia declarado, dois anos antes, que a imagem do Sudário representa o "ícone de um homem", que convida os cristãos "a contemplar Jesus de Nazaré". Mas não entrou no mérito da confirmação da legitimidade do tecido. Enquanto os debates sobre a peça continuam, o Sudário continua sendo a relíquia mais imponente da história do cristianismo e um dos objetos mais estudados em toda a História.

A SAGA DO SANTO GRAAL

A taça usada por Jesus, o prato com seu sangue e até uma pedra. O poderoso artefato cristão já foi retratado de muitas formas – e sua história alimenta a imaginação das pessoas há quase mil anos

· REINALDO JOSÉ LOPES ·

Edição 59 • Junho 2008

Perseguido e sentindo a morte iminente, um camponês judeu decidiu celebrar o Pessach, a páscoa judaica, com os amigos. Reuniu os 12 mais próximos e, na festa, serviu-lhes pão e vinho. Dividiu o pão, comeu um pedaço e distribuiu o restante para os convidados. "Tomai e comei, isto é o meu corpo", disse. Encheu um cálice com a bebida, deu o primeiro gole e passou a taça adiante, pedindo: "Bebei dele todos, pois isto é o meu sangue, o sangue da aliança, que é derramado por muitos para a remissão dos pecados".

A última ceia da vida de Jesus, que morreria no dia seguinte, é hoje a base da celebração cristã da Eucaristia. Sem muitos detalhes, ela foi assim descrita nos Evangelhos de Lucas, Mateus e Marcos na *Bíblia*. E a taça em que ele bebeu com os apóstolos passou de coadjuvante na refeição ao papel principal de um ciclo de lendas que nasceu na Idade Média e perdura até hoje, 2 mil anos depois.

O mito do Santo Graal refere-se, na maior parte das vezes, ao cálice da Última Ceia. Mas as inúmeras lendas criadas em menos de um milênio já descreveram o artefato como a tigela em que Jesus teria cortado o pão na mesma celebração. Em outros escritos, o Graal seria o prato em que um seguidor teria recolhido o sangue de Jesus crucificado, uma vasilha ou uma pedra. Há ainda autores que até acrescentaram elementos da mitologia pagã celta para criar sua própria lenda sobre o Graal.

No meio desse monte de histórias, o que se sabe ao certo é que o mito do Santo Graal foi criado por volta de 1180 por um francês chamado Chrétien de Troyes. Ele foi o primeiro a escrever sobre o artefato que chamou de "graal", palavra que designava um tipo específico de utensílio de mesa que, até então, não possuía qualquer conotação sagrada. Mais: incorporou o objeto à lenda dos cavaleiros. Algumas vasilhas antigas até chegaram a ser veneradas pelos cristãos como a taça de Jesus, mas nenhuma atraía multidões de peregrinos nem tinha fama mundial. Foi a partir da história do francês que o Graal tornou-se tão influente a ponto de inspirar diversas buscas arqueológicas e fenômenos de mídia do século 21, como *O Código Da Vinci*.

TAÇA SIMPLES

As mais antigas sementes da lenda do Graal estão na *Bíblia*, embora em nenhum momento o termo seja usado. A taça da Última Ceia, por exemplo, é mencionada nos Evangelhos de Mateus, Marcos e Lucas. Historiadores afirmam que o mais provável é que os utensílios usados naquela refeição fossem simples, feitos de cerâmica ou madeira, já que eram assim os pratos e copos usados pelas camadas populares da Judeia na época. Dessa forma, é bastante improvável que os apetrechos usados na Última Ceia tenham sido preservados.

Além disso, os próprios Evangelhos dizem que o salão onde a refeição aconteceu foi apenas emprestado a Jesus e seus discípulos. E o hábito de guardar ou procurar "relíquias" das grandes figuras do cristianismo só surgiria bem mais tarde, cerca de um século após a morte de Jesus. Para André Chevitarese, historiador da Universidade Federal do Rio de Janeiro (UFRJ) que estuda as evidências históricas sobre a vida de Jesus, é bem possível que nenhum artefato arqueológico diretamente ligado a ele tenha chegado até nós. "E o mesmo vale para quase toda a primeira e a segunda geração de cristãos. Eram pessoas periféricas, gente muito simples, de origem rural", diz o pesquisador.

A falta de objetos diretamente ligados a Jesus e aos apóstolos incomodava um bocado os cristãos, mas o próprio texto do Novo Testamento não ajudava muito: as narrativas eram secas, com poucos detalhes. "Insatisfeitos, os cristãos de séculos posteriores começaram a produzir versões mais elaboradas dos Evangelhos", diz o medievalista britânico Richard Barber, autor do livro *O Santo Graal – A História de uma Lenda*. Assim surgiram alguns dos chamados evangelhos apócrifos, textos que não foram incluídos na *Bíblia* canônica (ou "oficial"). Apesar disso, alguns deles faziam grande sucesso, como o Evangelho de Nicodemos, escrito no fim do século 4. O relato dá mais detalhes sobre o papel do judeu José de Arimateia, que teria recolhido o sangue de Jesus crucificado em um prato e também retirado o corpo dele da cruz e dado ao morto um enterro digno. O Evangelho de Nicodemos narra ainda como um soldado romano, de nome Longino, teria perfurado o tórax de Jesus com uma lança (episódio descrito de forma mais breve no Novo Testamento). Para Barber, esse livro apócrifo ajudou a estruturar a lenda do Graal. Como veremos a seguir, a lança de Longino é um dos objetos que "acompanham" o objeto sagrado nas histórias escritas na Idade Média.

PRATO FUNDO

A pioneira dessas histórias, um poema inacabado de Chrétien de Troyes, levava o nome de *Percival ou O Conto do Graal*. A obra de Chrétien (coincidência ou não, o nome quer dizer "cristão" em francês) já era um sucesso de público e crítica quando ele começou a trabalhar na nova história – entre outras coisas, ele já havia escrito um livro com as aventuras de sir Lancelote na Távola Redonda. A ambientação do novo livro retomava a famosa corte do lendário rei Arthur e as aventuras vividas por seus cavaleiros.

Ao enviuvar, a mãe do herói Percival decidiu criar o filho longe da civilização, de forma que o rapaz se tornou uma espécie de "bom selvagem", com dificuldade de entender como a sociedade funcionava. Percival acabou encontrando alguns cavaleiros de Artur na floresta e ficou tão fascinado com eles que decidiu tornar-se um também. A mãe o deixou partir, ele arranjou um mentor e, depois de treinado, saiu pelo mundo em busca de aventuras. Em dado momento, chegou ao castelo de um tal Rei Pescador, que o convidou a se hospedar lá. Percival acabou presenciando o que Chrétien chamou de "procissão do Graal": pessoas carregando uma lança de cuja ponta caem gotas de sangue, candelabros e, finalmente, "um graal" – vale notar que o autor usa a palavra de forma genérica, "um" graal, não "o" graal.

"Não se trata de um cálice", afirma José Rivair Macedo, especialista em História Medieval da Universidade Federal do Rio Grande do Sul (UFRGS). "A palavra mais correta para designar o objeto em português provavelmente é escudela", diz, referindo-se a uma espécie de prato fundo, aparentemente usado na Idade Média. Nas escudelas eram servidos peixes e carnes – e, no poema, "em vez de carregar salmão" ou outros peixes, o Graal transportava uma hóstia, levada até o pai do Rei Pescador, que se encontrava gravemente ferido.

A partir daí, as coisas ficam cada vez mais misteriosas. Percival ficou intrigado com a procissão do Graal, mas não perguntou ao seu anfitrião o significado de tudo aquilo, pois seu mentor ensinara que um cavaleiro não deveria ser indiscreto. Só que o jovem nobre aparentemente é punido por ter ficado de boca fechada: acordou sozinho no dia seguinte e o castelo estava misteriosamente vazio. Percival vagou por algum tempo, até perder a memória. Finalmente, foi socorrido por um eremita, que explicou (bem, mais ou menos) o que estava acontecendo. O sujeito disse que tanto ele quanto o pai do Rei Pescador eram tios maternos de Percival. Também afirmou que o Graal era "uma coisa muito santa" (*tante sainte chose*, em francês da época) e que, se Percival tivesse perguntado o significado da misteriosa cerimônia no castelo, teria evitado muitas desgraças. E, de repente, o manuscrito acaba – provavelmente o autor morreu antes de concluir a história.

É bastante possível que a ideia do Graal como sendo o cálice da Última Ceia não tivesse nunca passado pela cabeça de Chrétien. "A minha impressão é de que o autor não pretendia abordar a temática religiosa, mas a questão secular da formação do cavaleiro. Isso está implícito na ideia de que Percival, por ter sido criado longe de tudo, não tem a justa medida das coisas e confunde a necessidade de ser discreto com ficar totalmente calado", diz Macedo. "Mas a referência ao Graal como *tante sainte chose* abriu um mundo de possibilidades para os escritores que vieram depois."

MITOLOGIA CELTA

Acredite: a expressão "um mundo de possibilidades" não tem nada de exagerada. Ninguém sabe ao certo como Chrétien pretendia terminar sua história, mas o fato é que, apenas meio século após a morte do autor, haviam surgido nada menos que 18 continuações, prólogos ou novas versões da história do Graal – um novo livro a cada 2,7 anos, em média. A maioria dos novos textos foi escrita em francês, mas há também obras em alemão, e não demorou muito para que surgissem traduções para outras línguas europeias, como o italiano e o português arcaico, ancestral do nosso idioma.

O mito só fez crescer – e adquirir características completamente distintas – em meio a todos esses textos. Segundo Richard Barber, escritores que vieram depois de Chrétien, como Robert de Boron e o autor anônimo de *A Demanda do Santo Graal*, fizeram uma espécie de equação entre a lança que sangra (um bocado parecida com a lança de Longino, aquela do Evangelho de Nicodemos) e o Graal que carrega a hóstia. E concluíram que, na verdade, o recipiente só podia ser o prato (ou o cálice) sagrado.

Assim, os sucessores de Chrétien conseguiram uma façanha inédita: juntaram a famosa saga da lendária corte do rei Artur, a mais popular da época, com o lado religioso e místico que também encantava o público medieval. Para chegar a esse objetivo, cada autor adotou uma solução diferente. A mais famosa envolveu criar um novo herói da Távola Redonda: surgiu então Galahad, filho de Lancelote, um jovem cavaleiro casto e puro. Na maioria dos casos, Galahad, Percival e Bors (outro cavaleiro da corte de Artur), juntos, comprometem-se a encontrar o Graal para curar o pai do Rei Pescador e o próprio rei (que se machuca em versões posteriores do conto) e para atingir a iluminação.

Por um lado, a lenda parece ter crescido incorporando alguns elementos das antigas mitologias pagãs europeias, em especial a celta. Quando o Graal aparece misteriosamente, nos novos contos pós-Chrétien, é capaz de alimentar todos à sua volta com os pratos mais saborosos. “O chamado caldeirão da abundância de alguns deuses celtas também era capaz disso”, afirma o medievalista Macedo.

No entanto, a simbologia mais forte das histórias do Graal está mesmo diretamente ligada à ideia de que a hóstia e o vinho transformam-se no corpo e no sangue de Jesus – conhecida como Eucaristia. Na versão de *A Demanda do Santo Graal*, Galahad e seus companheiros, quando finalmente acham o misterioso artefato, são recepcionados numa missa celebrada pelo bispo Josefo, filho de José de Arimateia. Quando Josefo ergue a hóstia consagrada, eles veem o corpo de um bebê que representa Jesus. Galahad morre depois de contemplar os mistérios do Graal, e o cálice volta ao céu junto com a alma do cavaleiro.

SANGUE DE JESUS

A popularidade das lendas do Graal foi muito grande até o fim do século 15, mas sofreu um revés secular com o avanço da Reforma Protestante, que tendia a ridicularizar a velha paixão medieval por relíquias sagradas e milagres. Mas, por volta dos séculos 18 e 19, as antigas teses foram retomadas e o interesse pelo Graal voltou a ressurgir. Em 1802, um acadêmico de Viena foi o primeiro a juntar o artefato aos cavaleiros templários, ordem criada pelo papa Urbano II no início do século 12 para proteger os cristãos que peregrinavam para a Terra Santa. Segundo a nova tese, Percival estava ligado à Ordem dos Pobres Cavaleiros de Cristo e do Templo de Salomão. Depois dele, muitos outros autores embarcaram na história.

Para chegar a essa associação, os escritores embasaram-se em uma antiga versão da lenda do Graal, datada do século 13 e de autoria do poeta alemão Wolfram von Eschenbach. Em *Parzival*, o Graal, descrito como uma pedra, é guardado pelos misteriosos *templeisen*. Embora o nome pareça, esses guerreiros não seriam, para o poeta alemão, os membros da Ordem do Templo: a palavra usada em alemão para templários é *tempelherren*. Além disso, os templários reais eram monges, enquanto os de Wolfram von Eschenbach casavam-se. Mesmo assim, as versões posteriores passaram a fazer relação entre os dois grupos.

Von Eschenbach também inspirou outras obras. Caso do compositor alemão Richard Wagner: com base no poeta medieval, ele criou sua última ópera, *Parsifal*, terminada em 1882. No mesmo século, com o ressurgimento do interesse no artefato, os arqueólogos, baseados em técnicas mais avançadas, resolveram começar a caçar o tal tesouro. Afinal, se conseguiram até localizar a antiga Troia, não seriam capazes de descobrir o Graal também?

Nesse quesito, porém, é claro que as decepções foram se acumulando. Foi descoberto, por exemplo, que dois dos supostos "graais", guardados como relíquias em igrejas de Gênova, na Itália, e Valência, na Espanha, provavelmente haviam sido feitos no Oriente Médio, só que na Alta Idade Média. No começo do século 20, o chamado Cálice de Antioquia, descoberto na Síria, chegou a ser considerado o Graal, até que análises mais cuidadosas mostraram que se tratava de... uma lâmpada a óleo.

Junto com a revolução científica moderna, paradoxalmente, muitas seitas esotéricas passaram a adotar o Graal como objeto de estudo. Os membros da obscura Ordem da Aurora Dourada, por exemplo, acreditavam que as histórias do Santo Graal eram uma espécie de mensagem em código sobre "os verdadeiros segredos místicos" da fé cristã. A versão mais recente desse fenômeno é a teoria dos escritores Michael Baigent, Richard Leigh e Henry Lincoln exposta em *O Santo Graal e a Linhagem Sagrada*. Segundo o livro, o San Greal, usado por autores franceses medievais em referência ao Graal, na verdade é uma corruptela de *sang real*, "sangue real" em francês antigo. Os autores vão mais longe: esse seria o sangue dos supostos descendentes que Jesus teria tido com Maria Madalena.

Já ouviu uma história parecida? Provavelmente porque o livro inspirou outro, o superbest-seller *O Código Da Vinci*, de Dan Brown. Que, por sua vez, virou um filme de Hollywood. Esta é exatamente a saga do Graal: uma história inacabada que vai sendo constantemente alimentada não só ao sabor de coincidências e de mitologia mas também de um tanto de criatividade.

Afresco com a Virgem Maria rodeada de anjos (autor desconhecido)

A IGREJA DE CRISTO

O TRIUNFO DA CRUZ

Seus primeiros líderes foram perseguidos e executados. Quatrocentos anos depois, transformou-se na religião oficial do mais poderoso império do mundo. Mais 200 anos e converteu os bárbaros e a Europa toda e tornou-se a mais poderosa empresa sobre a Terra. O cristianismo absolveu tiranos e motivou revolucionários. Justificou genocídios e inspirou heróis da justiça e da paz. E sempre esteve do lado vencedor

› YURI VASCONCELOS ›

Edição 16 • Dezembro 2004

Uma das histórias mais conhecidas no mundo é a dos últimos dias de Jesus, um carpinteiro nascido na Galileia, que se autoproclamava o Messias, ou seja, o escolhido – ou ainda, em grego, o Cristo. Como Confúcio, Sócrates ou Buda, Jesus não deixou documentos escritos. Sua passagem pelo planeta tampouco deixou vestígios para a arqueologia. Ele nada construiu. Não assinou seu nome em lugar algum. Seu corpo não foi mumificado. Cronistas da época não registraram sua História, nem nas atas oficiais do Estado romano, nem nas obras de História judaica. Flávio Josefo, cuja extensa obra *Antiguidades Judaicas* apareceu por volta do ano 90, mencionou-o apenas numa nota ocasional, a propósito do processo e do apedrejamento de "Tiago, irmão de Jesus, o assim chamado Cristo". O Talmude babilônico fala de Jesus como um mago, um agitador que zombou das palavras dos sábios, teve cinco discípulos e foi enforcado na véspera da Páscoa. A maior parte do que sabemos sobre ele nos foi contada pela *Bíblia*, um livro de tradições religiosas, escrito com base nas narrativas de gente que o conheceu, ou conheceu quem o conheceu, ou que apenas ouviu falar dele.

Mas, se a vida de Jesus foi curta, misteriosa e triste, a história daqueles que o escolheram como líder e que acreditaram naquilo que ele dizia é longa e, apesar das intempéries, vitoriosa. Senão, vejamos: o grupo que andava com Jesus foi perseguido. Eram tão poucos, pobres, incultos e malvistos entre a população de Jerusalém que viviam escondidos. Apenas 380 anos depois, o imperador romano (antes ele mesmo um semideus) se tornaria cristão e, passados mais meros 500 anos, nenhum soberano europeu seria digno de sua coroa se ela não fosse abençoada pela cruz. Em mil anos, o cristianismo seria a instituição mais poderosa do planeta e, na virada do ano 2000, cerca de 2 bilhões de pessoas, um terço da população mundial, professavam a religião. Se descontarmos a fé e alguma interferência sobre-humana (e, se não o fizermos, teremos que continuar esta reportagem em alguma publicação cristã), como explicar tamanho sucesso? Mas vamos por partes. No começo desta história, é preciso responder como o cristianismo sobreviveu.

RESSURREIÇÃO

Jesus nasceu em Nazaré, mas o cristianismo nasceu mesmo em Jerusalém. Na época, uma cidade com cerca de 100 mil habitantes, na periferia do vasto Império Romano, que ia da atual Inglaterra ao Iraque. A região, ocupada desde 63 a.C., pouco contribuía para o império, e a vida era plantar, pastorear umas cabrinhas e pagar impostos para o templo, que os dividia com os representantes de Roma. Havia um rei que não mandava nada e uma pobreza endêmica. Em Jerusalém ficava o templo, cujos muros sagrados, segundo a tradição judaica, teriam sido erigidos sobre os escombros do original construído pelo próprio Salomão para abrigar as tábuas dadas a Moisés por Deus. Ou seja, era coisa importante. A vida dos judeus se organizava em torno do templo: ali se fazia comércio, encontravam-se os amigos, fazia-se política e, é claro, conspirava-se contra Roma.

Foi nesse cenário que um grupo formado por pescadores, trabalhadores braçais e pequenos comerciantes apareceu falando de um homem que morrera crucificado e que, por incrível que pudesse parecer, ressuscitara. A notícia de que o Messias estivera por ali já circulava entre o povo da cidade. Alguns haviam ouvido falar de Jesus, que fazia curas e andava pelo deserto. Uns talvez até conhecessem João Batista – outro pregador que fizera algum sucesso tempo antes –, mas ninguém nunca ouvira dizer que ele revivera dos mortos.

"O mito do Cristo que morre e ressuscita exerceu um fascínio incomum entre as pessoas e acabou desencadeando um vertiginoso crescimento da seita cristã", afirma Paulo Augusto de Souza Nogueira, professor de Ciências da Religião da Universidade Metodista de São Paulo. "Na época, havia um grande sincretismo religioso no Império Romano e, ao contrário do que se acredita, um intercâmbio do judaísmo com diferentes religiões mediterrâneas. Isso abriu espaço para doutrinas divergentes da tradição judaica, fato que preparou o caminho para a disseminação do cristianismo."

Por volta do ano 40, o grupo já pregava nas sinagogas e dizia ser Jesus o Cristo que todo mundo esperava. A mensagem sobreviveu em Jerusalém entre os judeus e não há indícios sobre atos de perseguição aos cristãos por parte dos romanos ou das autoridades judaicas. Quem não sobreviveu foi a própria Jerusalém, que entre 66 e 70 foi destruída pelos romanos – com templo sagrado e tudo – após uma revolta contra o pagamento de impostos. No entanto, para sorte do cristianismo, quando isso aconteceu a maioria dos cristãos não estava mais lá. A religião se propagara e chegara à Europa. Nesse processo, um homem teve especial importância.

Nascido em Tarso, na Ásia Menor (na atual Turquia), um centro de cultura helenística, e cidadão romano, Saulo era judeu e aos 15 anos mudou-se para Jerusalém para estudar numa conceituada escola da cidade. Sobre ele, o que se sabe está na *Bíblia*. Saulo, que passaria para a história como Paulo, não chegou a conhecer Jesus, mas em Jerusalém ouviu falar de seus seguidores. No início, não gostou nadinha deles, mas depois acabou se convertendo. A partir daí, passou a ser o principal propagador da nova fé. Entre 46 e 60, viajou por todo o mundo mediterrâneo falando de Jesus. "A influência de Paulo é indiscutível", diz o historiador André Chevitarese, da Universidade Federal do Rio de Janeiro. "Se não fosse ele, o cristianismo provavelmente não teria passado de mais uma seita judaica." Mas como ele fez isso?

"Paulo era um teólogo prático, que cortou o cordão umbilical entre a nova fé cristã e o judaísmo, tornando-a mais aceitável para romanos, gregos e outros povos mediterrâneos", afirma o pastor Martin Dreher, professor de História da Universidade do Vale do Rio dos Sinos, no Rio Grande do Sul, em seu livro *A Igreja no Império Romano*. As viagens de Paulo e sua mensagem, expressa em cartas enviadas às comunidades que fundou, foram essenciais para a doutrina cristã adquirir o caráter universal que tem hoje. Nelas, defendeu a obediência dos cristãos ao império, o pagamento de impostos, fez apologia da escravidão, legitimou a submissão feminina. Além disso, pregou contra a obrigatoriedade da circuncisão. O que foi um alívio para os homens.

Ao final do primeiro século, o cristianismo tinha adquirido alma própria. Cidades como Antioquia, capital da província romana da Síria (onde pela primeira vez, por volta do ano 45, o termo "cristão" foi usado para identificar os seguidores de Jesus), Éfeso, na Ásia Menor, Corinto, na Grécia, e Alexandria, no norte da África, já tinham comunidades bem estruturadas, que congregavam cerca de 8 mil seguidores. Não parece muito, não é verdade? Mas os cristãos haviam sobrevivido e, o mais importante para a nossa História, chegado ao centro do mundo: Roma.

Até o início do século 4, os cristãos tiveram que sobreviver nas sombras. No início, passaram quase despercebidos: reuniam-se sem alarde e conquistavam cada vez mais adeptos. "A maioria das religiões daquela época era ligada à etnia, à nacionalidade. O cristianismo, ao contrário, não tinha pátria e estava desatrelado de um rei, ou de um país. O reino de Jesus, diziam, estava em qualquer lugar, e isso o ajudou a ser aceito em Roma, onde viviam muitos estrangeiros", diz o teólogo e professor Ralph Norman, da Universidade de Canterbury, no Reino Unido. Mas o que ajudava a crescer também atraía a desconfiança. Historiadores romanos do século 2, como Tácito e Suetônio, registraram a perseguição aos cristãos, em Roma, tanto no período de Cláudio, imperador entre 41 e 54, quanto no de seu sucessor, Nero, que governou até 68. A perseguição gerou mártires entre os cristãos e seus túmulos passaram a servir de local de reuniões religiosas. "A adoração aos mártires, ou 'homens santos', é um sinal de como o cristianismo assimilou aspectos do culto greco-romano aos antepassados. Um sincretismo impensável na tradição judaica", afirma Norman. Em 303, o imperador Dioclesiano decretou que todo cristão deveria ser preso e obrigado a cultuar o imperador.

Mas quem estava com os dias contados não era o cristianismo. Era o império. Crise, inflação, revoltas populares e derrotas militares: o mundo romano não era mais aquele. "O cristianismo não foi uma das causas da queda do império, mas se beneficiou de seu declínio", diz André. Os cristãos formavam comunidades organizadas, que se reuniam em torno das igrejas e respeitavam uma estrutura hierárquica formal, composta de supervisores (em grego, *epískopos*, ou bispos), diáconos e presbíteros. Além disso, o cristianismo já havia se adaptado melhor às tradições romanas e vice-versa.

Em 313, o novo governante, Constantino I, percebeu que, ao invés de combater a cristandade, poderia trazê-la para seu lado e usá-la como base de sustentação de seu império. "Constantino foi um visionário. Fez uma opção política pelo cristianismo, numa época em que apenas 10% da população que governava pertencia a essa fé", diz Martin Dreher. Com o seu gesto, o imperador pôs fim às perseguições e deu à Igreja um poder inédito. Ao mesmo tempo, preparou o caminho para que a fé cristã se tornasse a religião oficial do Império Romano – o que viria a ocorrer em 380, com o batismo do imperador Teodósio – e chegasse aos limites do império, como as ilhas britânicas e o Egito, por exemplo.

EUROPA DE JOELHOS

No início do século 5, o cristianismo encontrava-se fortalecido em Constantinopla (atual Istambul, na Turquia), a nova capital do Império Romano, mas no Ocidente a coisa andava feia. O império pouco podia fazer contra a invasão dos bárbaros, povos belicosos de origem germânica, e, em 452, quando Átila, chefe dos hunos, chegou às portas de Roma, não havia outra autoridade no local senão o papa Leão Magno. Só lhe restou pedir clemência. E quando, em 476, a cidade foi finalmente conquistada por Odoacro, rei dos hérulos, a Igreja já era tão influente que perdeu a riqueza, mas manteve intacta sua estrutura eclesiástica. Mais uma vez, o cristianismo soube se adaptar aos novos tempos. Os bárbaros acreditavam em forças da natureza, seus deuses vinham das florestas e seus ritos eram repletos de magia. Havia ainda deidades femininas e objetos sagrados, como o cálice, por exemplo, que tinha o poder de dar a vida e era usado em cerimônias festivas. "Nessa época surgem diversas novidades na liturgia cristã, algumas sob clara influência dos cultos pagãos", diz Norman. "As imagens e relíquias de santos, por exemplo, passam a ser aceitas e a elas são atribuídos poderes mágicos. A própria Maria, mãe de Jesus, quase esquecida no mundo cristão-romano, ganha um novo papel. Muito mais místico: o de 'mãe de Deus'."

A queda de Roma desencadeou lutas ferozes entre os vários povos pelo domínio do espólio imperial: visigodos, vândalos, francos, hérulos, anglos e saxões, entre outros, queriam sua parte, e a única instituição unificada e com algum nível de organização era a Igreja cristã. E os reis bárbaros perceberam isso. Alguns, por isso mesmo, perseguiram e mataram padres, papas e bispos. Outros preferiram se unir à Igreja. Em 508, Clóvis, rei dos francos, foi batizado. "Foi um momento importante, que fez com que a Igreja passasse a contar com a proteção do Estado, e a Gália (atual França) tornou-se um centro de irradiação do cristianismo", afirma o padre José Oscar Beozzo, diretor do Centro Ecumênico de Serviços à Evangelização e Educação Popular, em São Paulo. Em 587, foi a vez do rei visigodo Recaredo, que dominava a região da atual Espanha. Dois anos depois, Etelberto e Berta, o casal real da Grã-Bretanha, levaram os anglo-saxões para o rebanho cristão.

O contrato entre os reis e a Igreja duraria séculos e estaria na raiz da legitimação divina do poder monárquico. O cristianismo estaria comprometido, a partir de então, com a formação dos países e dos sentimentos nacionais na Europa. Ora, quem são os franceses senão os bárbaros francos que se tornaram cristãos? O feudalismo separaria os povos em glebas e castelos, mas a religião os uniria numa nacionalidade única. Além disso, uma vez cristãos, os reis passaram a impor sua fé adiante. O maior expoente nesse quesito foi o rei franco Carlos Magno. Com a espada em uma mão e a cruz na outra, ele derrotou saxões, ávaros e lombardos e expandiu os domínios da cristandade. No Natal do ano 800, Carlos foi coroado pelo papa Leão III como o imperador do Sacro Império Romano-Germânico. "Os cristãos do Oriente nunca aceitaram a consagração de Carlos Magno. Se, por um lado, esse episódio fortaleceu o cristianismo no Ocidente, por outro lançou a semente política do cisma que se concretizaria dois séculos depois", afirma o teólogo José Oscar.

SEGUNDO MILÊNIO

No alvorecer do ano 1000, o cristianismo passou por profundas transformações. A primeira ocorreu em 1054 com a ruptura entre

Oriente e Ocidente. A Igreja de Constantinopla andava descontente com o papado de Roma e divergia quanto a costumes eclesiásticos e condutas litúrgicas ocidentais, como a obrigatoriedade de rezar missas em latim – os orientais defendiam que a liturgia fosse proferida na língua local –, a adoração de imagens e a obrigatoriedade de celibato – no Oriente, clérigos abaixo da posição de bispo podiam casar. A divergência chegou a tal ponto que o patriarca de Constantinopla, Miguel Cerulário, foi excomungado pelo papa Leão IX. Como resultado, rompeu com Roma e criou a Igreja Ortodoxa. "Foi a primeira grande divisão no cristianismo e acabou com a unidade da Igreja", afirma o pesquisador americano Earle Cairns, no livro *O Cristianismo Através dos Séculos*. Segundo ele, o período que se seguiu ao cisma até o início do século 14 pode ser considerado como o de maior influência do papado sobre o poder temporal.

Uma das consequências diretas desse extremo poder exercido pela Igreja nessa época foram as Cruzadas. A primeira teve início em 1096 e durou três anos. Atendendo ao apelo do papa Urbano II, cerca de 25 mil peregrinos cruzaram a Europa com o objetivo de conquistar Jerusalém, que se tornara uma cidade muçulmana no século 7 e que, na época, estava sob o controle dos turcos selêucidas. Depois de uma dura batalha, os cruzados tomaram a cidade e protagonizaram uma carnificina, massacrando milhares de judeus e muçulmanos. "Se você estivesse ali, seus pés ficariam mergulhados até os tornozelos no sangue dos mortos", declarou o cronista Fulcher de Chartres, que participou da expedição. Até o século 13, outras sete cruzadas seriam realizadas, sendo que, ao final delas, o objetivo das expedições, a libertação do Santo Sepulcro, local onde o corpo de Jesus supostamente havia sido guardado, não havia sido atingido. As Cruzadas, no entanto, assentaram o poder do papado sobre a cristandade e tiveram forte influência política, social e econômica no mundo ocidental.

Outro desdobramento do poder totalitário da Igreja foi a criação da Santa Inquisição, um tribunal de padres nomeados diretamente pelo papa, que tinha o poder de acusar, julgar e executar quem bem quisesse. Em países como a Espanha e a França, os inimigos da Igreja (e nessa designação cabiam de príncipes acusados de sodomia a cientistas julgados por bruxaria) passaram por maus bocados. Em 1252, o papa Inocêncio IV autorizou o uso da tortura e da fogueira para arrancar confissões. "Era um negócio sujo, mas quase todos após *[Santo]* Agostinho concordavam que salvar o corpo pela amputação de um membro era uma atitude sábia. Obviamente, a Igreja romana era o corpo e os hereges, o membro doente", escreveu o historiador canadense Bruce Shelley em *História do Cristianismo*. No auge da perseguição, entre 1570 e 1630, estima-se que mais de 50 mil pessoas foram condenadas à morte em todo o continente.

REFORMA CONTRA REFORMA

Na metade do segundo milênio, a sociedade europeia encontrava-se em ebulição. Na Europa, o sistema feudal dava mostras de estar superado e os estados nacionais tinham surgido como unidades políticas autônomas. "A religião que fora a base da sociedade até então não dava mais conta da revolução que acontecia com o crescimento das cidades e a ascensão de uma classe média, que não se contentava com sua condição social", diz Martin Dreher.

O momento era de contradições também no campo teológico. A Igreja, riquíssima detentora de terras, vivia em meio à pobreza crescente e às ondas de fome e doenças. O celibato clerical não era respeitado e os papas apoiavam monarquias sanguinárias. Um deles, Alexandre VI, teve quatro filhos e costumava promover orgias no Vaticano. Foi nesse cenário de degradação que a Igreja viveu seu segundo grande racha. Revoltado contra o comércio de indulgências – uma espécie de documento vendido pela Igreja que perdoava a pessoa de todos os seus pecados –, o monge alemão Martinho Lutero rompeu com Roma, dando início ao movimento reformista, chamado protestante.

À parte a polêmica levantada por suas posições teológicas – criticava a riqueza e a corrupção na Igreja e o papel privilegiado dos padres na sociedade, entre outras coisas –, Lutero dava força a uma classe de pessoas que cada vez tinha mais poder econômico, mas nenhum político: os comerciantes. Os protestantes não faziam muita onda com as "obras" e diziam que a fé bastava para ir ao céu. Ou seja, podem guardar seu dinheirinho, podem ter lucro sem remorso. Lutero foi excomungado pelo papa Leão X, em 1521. "A Reforma Protestante foi uma adequação da religião cristã ao mundo moderno", afirma Lauri Emilio Wirth, coordenador da pós-graduação em Ciências da Religião da Universidade Metodista de São Paulo.

Mas a resposta do clero romano ao movimento reformista não demorou. O Concílio de Trento, realizado entre 1545 e 1563, oficializou a separação entre católicos e protestantes e deu novo fôlego à Igreja Católica, que não deixou de ser a principal influência sobre os reis europeus.

Mas, no Novo Mundo que nascia, haveria espaço para católicos e protestantes. Os europeus haviam chegado à América e, com isso, mais um contingente enorme de almas pagãs estava pronto para ser conquistado. A cristianização foi um dos instrumentos para a colonização do novo continente e, desde cedo – tanto o protestantismo, no norte, como o catolicismo, na parte espanhola e portuguesa – surgiram como fontes de influência moral e política nas novas terras. Também aqui se repetiria o sincretismo entre o cristianismo e as crenças indígenas (principalmente no caso da América espanhola) e as religiões dos negros trazidos como escravos, basicamente no Caribe e no Brasil.

No final do século 18, no entanto, a própria estrutura do Estado nacional estava em xeque. O Iluminismo, movimento que enfatizava o uso da razão e da ciência para explicar o mundo, questionava o papel da religião na sociedade e queria uma nova ordem social em que os interesses humanos estivessem no centro das decisões. Contra as designações divinas, os homens teriam nascido todos livres e iguais. O filósofo francês Voltaire, uma das mais destacadas figuras do movimento, era um crítico incansável da religião e costumava referir-se ao cristianismo como "coisa infame". Para os iluministas, a preocupação básica do homem não era a vida futura, como pregava a religião, mas a satisfação neste mundo. Em 1789, inspirados nessas ideias, os franceses – olha os descendentes de Carlos Magno aí – derrubaram a monarquia e instituíram a separação entre Igreja e Estado. Uma revolução e tanto.

CRISTO VIVE

Depois de caminhar durante séculos de braços dados com o Estado, a Igreja passou os dois últimos séculos acostumando-se à sua nova posição. Não que sua influência tenha desaparecido ou seus fiéis tenham diminuído. Pelo contrário. No início do século 19, os seguidores do cristianismo somavam 230 milhões. Hoje são 2 bilhões.

Uma das experiências mais marcantes para esse crescimento foi o surgimento da Igreja Pentecostal, nascida de um ramo protestante nos Estados Unidos. Hoje ela tem o segundo maior rebanho cristão do planeta, com 500 milhões de fiéis. Mas, entre os grandes ramos do cristianismo tradicional, como o catolicismo, a coisa também não ficou parada. A realização do Concílio Vaticano II, no início dos anos 1960, promoveu a modernização da religião e enfatizou o movimento ecumênico. Foi a partir desse encontro que as missas deixaram de ser celebradas exclusivamente em latim e passaram a ser rezadas na língua local.

O ecumenismo, por sinal, foi uma das marcas do papa João Paulo II. Durante os 27 anos de seu mandato, ele realizou viagens ao redor do mundo e esboçou movimentos de reaproximação com os cleros ortodoxo e anglicano (ramo protestante na Inglaterra). Hoje o cristianismo convive melhor com outras religiões. O papa teve, ainda, um importante papel na derrocada do regime comunista da União Soviética. No alvorecer do terceiro milênio, desculpou-se pelos erros cometidos pela Igreja no passado, notadamente pelo aval dado às atrocidades cometidas pelos conquistadores portugueses e espanhóis contra os povos nativos das Américas.

Suas campanhas, no entanto, não impediram que o catolicismo – e o cristianismo como um todo – ingressasse no século 21 fragilizado. Crenças doutrinárias inflexíveis relacionadas a temas sexuais

– como aborto, homossexualismo e castidade pré-marital – e uma estrutura hierárquica fortemente masculina mostram-se pouco atraentes numa sociedade secularizada como a ocidental. Com isso, é cada vez menor o número de jovens que se dedicam ao sacerdócio e a Igreja Católica tem dificuldade de conquistar novas ovelhas. Atualmente, o islamismo é a fé que mais cresce no mundo e já é a segunda maior religião em vários países europeus, como França e Alemanha. Apesar disso, é inegável que o cristianismo ainda continue sendo uma das mais fortes instituições do planeta. E, a julgar pelas grandes dificuldades vencidas nos últimos 2 mil anos, não é de surpreender que, diante desse novo desafio, ele venha a superá-lo e fique ainda mais fortalecido.

O IMPÉRIO DO VATICANO

Por quase 2 mil anos, os papas foram muito mais que líderes religiosos. Nomearam reis, governaram vastos territórios e até comandaram tropas no campo de batalha. E ainda hoje têm poder para chacoalhar o mundo

· REINALDO JOSÉ LOPES ·

Edição 45 • Maio 2007

A passagem é uma das mais famosas da *Bíblia*. Diante da fé inabalável de seu discípulo Simão, Jesus teria declarado: "Eu te digo que tu és Pedro, e sobre esta pedra edificarei a minha igreja. Darei a ti as chaves do Reino dos Céus". A frase se tornou a base da autoridade dos papas. Como sucessores diretos de Pedro, eles teriam de guiar todos os cristãos do mundo, seguindo os ensinamentos de Jesus. Os papas, entretanto, não se contentaram com os Céus. Acabaram se tornando donos das chaves de muitos reinos da Terra.

Apenas três séculos após a morte de Pedro, os pontífices deixaram de ser líderes de uma seita perseguida para virar interlocutores de imperadores. Com o tempo, tornaram-se senhores de seu próprio império, governando grandes extensões de terra na Itália e fora dela, só perdidas no século 19. Em sua busca por território e poder, negociando nos bastidores ou comandando exércitos pessoalmente, houve momentos em que os papas pareciam ser capazes de moldar o mundo como quisessem.

Hoje, 2 mil anos após a fundação do cristianismo, o papado só tem poder absoluto sobre um pequeno enclave dentro de Roma, o Vaticano. Mas, mesmo sem os vastos domínios de antigamente, um pronunciamento papal ainda pode fazer um bocado de diferença no planeta. "As palavras do papa ecoam tanto nos salões do poder quanto nas alcovas dos fiéis", diz Eamon Duffy, professor de História do Cristianismo da Universidade de Cambridge, na Inglaterra. "O papado é a mais antiga instituição humana. E, provavelmente, ainda é a mais influente." A seguir, você vai ver como esse poderio foi construído.

SALVADORES DE ROMA

A antiga capital do Império Romano passou a abrigar uma comunidade cristã poucos anos depois da morte de Jesus. Tudo indica que Pedro e Paulo pregaram em Roma e lá foram executados, por volta do ano 64, numa perseguição desencadeada pelo imperador Nero. Segundo a tradição, Pedro teria sido o primeiro bispo da cidade. Mas há indícios de que, por décadas, Roma teve mais de um bispo por vez. Foi só por volta do ano 200 que os cristãos romanos começaram a ser regidos de fato por um chefe único – centralização que também acontecia nas outras comunidades cristãs.

A comunidade cristã de Roma era especialmente respeitada por abrigar o túmulo dos mártires Pedro e Paulo e por sua reputação de sempre ter seguido a fé cristã original. Isso queria dizer que os outros bispos sempre ouviam seu companheiro de Roma com respeito especial, mas não tinham a menor obrigação de obedecê-lo. Ele já era chamado de papa – "pai", em grego –, mas o mesmo título era aplicado a chefes cristãos de outras cidades, como Alexandria, no Egito, e Antioquia, na Síria.

Como o cristianismo ainda era uma religião fora da lei no Império Romano, a influência dos papas não se estendia à política. Isso começou a mudar em 312, quando o imperador Constantino resolveu aliar-se aos cristãos e liberar sua religião. Ele queria usar a nova fé como fator de unidade num império cada vez mais fragmentado. Quem lucrou com isso foram os papas. Primeiro, financeiramente: o imperador bancou a construção de igrejas magníficas.

Já o segundo empurrão que Constantino deu ao poder dos papas foi sem querer. Ele decidiu construir sua própria capital, Constantinopla (a atual Istambul, na Turquia), no leste do Império, onde foi morar. A administração imperial baseada em Roma passou a trabalhar em parceria cada vez mais próxima com a Igreja – cujo local mais venerado já era o Vaticano, colina onde Pedro teria sido enterrado. Não demorou para que os papas se tornassem as principais figuras políticas de Roma, lado a lado com o Senado da cidade. A influência dos pontífices passou a se estender por toda a porção ocidental do Império.

No século 5, enquanto Constantinopla florescia, os domínios do Império na Europa estavam sendo atacados pelos invasores bárbaros, que acabaram chegando à capital. Quando Átila, rei dos hunos, ameaçou saquear Roma, coube ao papa Leão I negociar com ele. Em 452, ambos se encontraram em Mântua, no norte da Itália. Há quem diga que o papa contou com a intervenção milagrosa de Pedro e

Paulo. Outros, mais realistas, lembram que os hunos estavam esgotados e que o papa ofereceu um polpudo resgate. De qualquer modo, Átila deu meia-volta. Três anos mais tarde, foi a vez de os vândalos atacarem Roma. Leão não pôde evitar saques, mas convenceu-os a não incendiar o local. O papado tinha virado a única força que se interpunha entre Roma e o caos. Quando a parte ocidental do Império se desintegrou, em 476, isso se tornou ainda mais verdadeiro.

Por mais de dois séculos, Constantinopla tentou virar o jogo contra os bárbaros e recuperar as antigas terras imperiais. Durante algum tempo, o Império do Oriente (hoje mais conhecido como Bizantino) conseguiu impor seu controle no sul da Itália, no norte da África e na própria Roma. Os imperadores bizantinos, porém, tinham a desagradável mania de meter o bedelho em assuntos religiosos. Na sua visão do cristianismo, o imperador estava acima de qualquer um, incluindo o papa. É lógico que isso não pegou bem no Vaticano: "Existem, augusto imperador, dois poderes principais que governam o mundo: a autoridade dos bispos e o poder real. Dentre eles, o poder sacerdotal é muito mais importante", escreveu o papa Gelásio, que ocupou o cargo de 492 a 496, ao imperador bizantino Anastácio.

Nesse cabo de guerra, o papado acabou buscando um terceiro elemento para ajudá-lo: o reino bárbaro dos francos (embrião da atual França). Na metade do século 8, os domínios bizantinos na Itália iam mal das pernas e Roma era ameaçada pelos lombardos, uma tribo germânica que havia fundado um grande reino em terras italianas. Em troca do apoio do Vaticano para sua nova dinastia, o monarca franco Pepino, o Breve, invadiu a Itália em 754, derrotou os lombardos e conquistou parte de suas terras. Para revolta dos bizantinos, Pepino doou tudo para o papado. Agora Roma era a capital de um território independente.

A relação entre Carlos Magno e os papas haveria de ser ainda mais próxima. Filho de Pepino, ele voltou a invadir a Itália e acabou de vez com o reino lombardo. No Natal do ano 800, o papa Leão III, às voltas com opositores dentro e fora da Igreja, coroou Carlos como imperador do Ocidente, em novo desafio a Constantinopla. Além de ter seu próprio reino, o papa agora era considerado capaz de dar legitimidade sagrada a outros monarcas. No futuro, essa prerrogativa seria usada sempre que necessário – para coroar e derrubar reis.

CRUZADOS E DEPRAVADOS

No século 11, nada parecia ameaçar o poder do papado. Bem, quase nada. A expansão do Islã, religião criada no século 7, deixou o Vaticano em alerta. Se os papas controlavam um pedaço generoso da Península Itálica, muçulmanos já haviam conquistado territórios que iam da Espanha à Índia. A tensão entre as duas religiões acabou virando guerra. Acuado pelos turcos, o imperador bizantino Aleixo pediu ajuda ao Ocidente. Diante disso, em 1095 o papa Urbano II conclamou os nobres europeus a reconquistar os lugares santos da Palestina que estavam sob o domínio do Islã.

Aos gritos de *Deus vult* –, "Deus o quer", em latim –, milhares de europeus de todas as classes sociais e idades se puseram a marchar para o leste. Em 1099, após muito sofrimento, os soldados da Primeira Cruzada tomaram Jerusalém. Mantida à custa de diversas outras Cruzadas, a presença cristã no Oriente Médio perdurou por mais de 200 anos e deu origem a uma lenta revolução intelectual na Europa. De repente, os horizontes culturais e econômicos da cristandade tinham se ampliado. Depois da guerra com os muçulmanos, veio o comércio: objetos de luxo e especiarias voltaram a circular desde a China até a Inglaterra, estimulando trocas que desembocariam, mais tarde, nas grandes navegações. E a parte da herança grega preservada pelo Islã deu combustível para que os europeus redescobrissem seu passado.

Tempos depois, os filósofos e artistas da Antiguidade foram os maiores inspiradores do Renascimento, a efervescência cultural que tomou conta do território italiano nos séculos 15 e 16. Apesar da influência pagã nessa nova onda, os papas também embarcaram nela. Pontífices como Pio II e Júlio II patrocinaram a arte mais esplendorosa que a humanidade já vira, feita por mestres como Michelangelo e Rafael.

Mas havia um lado obscuro nesse processo: o gosto artístico refinado era só mais um sintoma de que o papado tinha virado uma simples monarquia, como tantas que existiam Europa afora. Longe dos princípios morais pregados pela religião que comandavam, os papas passaram a ter tantas amantes e ser tão corruptos e violentos quanto qualquer rei secular. "Apesar dos defeitos, os pontífices mais recentes são homens extremamente dignos perto dos papas do Renascimento", diz o vaticanista espanhol Juan Arias, que foi correspondente em Roma de 1950 a 1992 e hoje trabalha para o jornal *El País* no Brasil.

Para quem está acostumado com plácidos senhores como João Paulo II ou Bento XVI, é difícil imaginar um papa em plena guerra, à frente de um Exército. Bem, foi isso o que fizeram alguns pontífices renascentistas, como Júlio II, que ficou no poder entre 1503 e 1513. Não é à toa que a famosa Guarda Suíça foi fundada por ele. Esses cerca de 200 mercenários eram uma força de elite que protegia Júlio II dentro e fora do Vaticano. Usando uma armadura de prata, o papa liderou pessoalmente milhares de soldados e capturou as cidades italianas de Bolonha, Parma, Reggio e Piacenza.

O comportamento incompatível com os ensinamentos religiosos, aliado à corrupção da Igreja, acabou partindo a cristandade ao meio. Em 1517, o teólogo alemão Martinho Lutero deu origem à Reforma Protestante, que pregava uma volta à "pureza original" da fé cristã. As ideias dos reformadores se fixaram rapidamente nos países germânicos, e a Inglaterra também acabou entrando no movimento. Pela primeira vez desde Constantino, uma fatia considerável dos cristãos da Europa Ocidental não reconhecia mais a liderança do papa. E outros desastres ainda espreitavam o Vaticano.

UM NOVO TEMPO

Com o fim da Idade Média, os grandes Estados europeus foram, um a um, criando governos fortes e centralizados, sobrepondo-se às nobrezas regionais. Países como Espanha e França agora se viam como potências independentes, não apenas como membros da cristandade. Cada vez mais se difundia a ideia de que era preciso separar o poder político do poder religioso para que um governo moderno funcionasse bem.

Em 1789, a Revolução Francesa mostrou que a antiga ordem vigente na Europa estava mesmo com os dias contados. No lugar dos reis, pôs representantes do povo. No lugar da religião, pôs a razão. O Exército quase imbatível da França revolucionária, sob o comando de Napoleão Bonaparte, invadiu a Itália em 1796 e, três anos depois, tomou o Vaticano. O papa Pio VI foi levado prisioneiro. Consta que ele teria pedido para morrer em Roma, ao que o general francês Berthier respondeu: "Para morrer, qualquer lugar serve". Arrastado até Valence, na França, Pio VI não teve nem a honra de um enterro católico: "Óbito do cidadão Braschi (Giovanni Braschi era o nome de batismo de Pio), profissão: pontífice", dizia o registro de sua morte na prefeitura.

O papado só não acabou de vez porque uma coalizão de monarquias conseguiu derrotar Napoleão em 1815. As antigas terras papais na Itália voltaram às mãos dos pontífices. No entanto, ficou difícil desfazer o clima revolucionário. Falava-se cada vez mais de uma Itália unida e democrática, na qual não haveria lugar para o papa. Foi nesse contexto que Pio IX subiu ao poder, em 1846. "Durante algum tempo, ele foi visto como uma esperança de conciliar o papado com o anseio por uma Itália unida", diz dom Zeno Hastenteufel, bispo de Novo Hamburgo, no Rio Grande do Sul, especialista em História da Igreja.

Pio IX iniciou reformas democráticas no Vaticano. Mas, temendo perder poder, logo acabou com elas, atraindo a inimizade dos que queriam uma Itália unida. O resultado? A perda progressiva de regiões que os papas tinham governado desde a época de Pepino, o Breve. Em 1870 (ano em que, ironicamente, a Igreja declarou que o papa era "infalível"), Roma se tornou a capital do recém-criado Reino da Itália. Como estadistas, os papas voltavam à estaca zero.

Dentro da Igreja, ganhou força um movimento para que pelo menos o Vaticano se tornasse autônomo. A ideia amadureceu ao longo dos anos 1920. Péssima hora para fazer política: o fascista Benito

Mussolini controlava a Itália. Mesmo correndo o risco de estar fazendo um pacto com o diabo, o papa Pio XI levou as negociações adiante.

Em 1929, a Igreja e o governo Mussolini firmaram o Tratado de Latrão, no qual o Vaticano foi reconhecido como Estado independente, o catolicismo foi declarado religião oficial da Itália e uma polpuda indenização foi paga pela perda dos antigos territórios papais. O dinheiro serviu para vitaminar o Banco do Vaticano, criado no fim do século 19 – e cujo nome oficial é IOR, Instituto para as Obras de Religião. Graças a administradores competentes, o banco se tornaria acionista de empresas importantes dentro e fora da Itália – mas, nos anos 1980 e 1990, seria denunciado por conivência com fraudes e lavagem de dinheiro.

O PODER DA PALAVRA

A autonomia do Vaticano estava garantida. E as relações do papado com os governos totalitários da Europa atingiriam um estágio ainda mais sombrio com Pio XII, que assumiu em 1939. No início dos anos 1930, quando ainda era o cardeal Eugenio Pacelli, ele negociou um acordo com o líder alemão Adolf Hitler. O resultado? O Partido do Centro, a legenda católica alemã, apoiou a lei que deu ao chefe nazista poderes de ditador, em 1933.

Pessoalmente, Pio XII não simpatizava com os nazistas. Mas seu comportamento durante a Segunda Guerra Mundial deu a impressão contrária: preocupado com a segurança dos católicos e dos membros do clero na Europa, ele evitou a todo custo condenar abertamente o Holocausto, mesmo sabendo do extermínio que acontecia nos campos de concentração. E, ao fim do conflito, como muitos dos envolvidos no genocídio judaico na Alemanha e na Croácia eram católicos, eles ganharam uma inestimável ajuda do Vaticano: "O subsecretário de Estado de Pio XII ajudou essas pessoas a obter centenas de vistos para a Argentina", conta o jornalista espanhol Santiago Camacho em seu livro *Biografia Não Autorizada do Vaticano*.

O pedido de desculpas pela omissão diante dos atos bárbaros dos nazistas só veio com João Paulo II. Apesar de ter feito um pontificado conciliador, buscando inclusive se aproximar de outras religiões, ele também pesou a mão na política. Em 1978, quando o papa deixou de ser apenas o cardeal polonês Carol Wojtyla, metade da Europa vivia sob o regime comunista imposto pela União Soviética, incluindo a Polônia. Pouco mais de dez anos depois, nada restava do império vermelho.

Crítico do comunismo, João Paulo II transformava suas viagens à Polônia em desafios implícitos ao regime soviético. "O papel do papa na queda do comunismo foi, num certo sentido, restrito à Polônia", diz o jornalista britânico Neal Ascherson, autor de dois livros sobre o país e testemunha dessas visitas. "Mas foi como uma ponta de lança enfiada nas entranhas do império soviético, uma ferida que nunca sarou. Pela primeira vez, as pessoas tinham a coragem de admitir abertamente que viviam num país ocupado e a se ver como uma nação que podia gerir seu próprio destino."

O sucessor de João Paulo II, escolhido em 2005, foi o cardeal alemão Joseph Ratzinger, Bento XVI. Após dois anos, ele havia dado mostras de que o Vaticano continuava capaz de catalisar eventos em escala mundial. Em setembro de 2006, uma palestra do papa na Alemanha colocou os países muçulmanos em polvorosa. Aparentemente, ele teria afirmado que o Islã seria irracional. A Santa Sé colocou panos quentes na situação. Mas foi um claro exemplo de como o pedaço minúsculo de terra em que os papas reinam é totalmente desproporcional ao poder que ainda têm.

REFORMA DEMOLIDORA

Há 490 anos, Martinho Lutero iniciou a Reforma Protestante. O movimento – que incluiu renovação espiritual, mudanças sociais e politicagem – rachou a Europa e ajudou a forjar o mundo atual

· REINALDO JOSÉ LOPES ·

Edição 50 • Outubro 2007

Quem vive no século 21 costuma ter dificuldade para entender a obsessão dos antigos europeus com o fim do mundo. Para um ex-monge que viveu no século 16, porém, era difícil não acreditar que o Apocalipse estivesse chegando. Ele deixou isso claro ao comentar o livro do profeta Daniel – um dos textos bíblicos que preveem o fim do mundo. "Tudo aconteceu e está consumado", escreveu Martinho Lutero por volta de 1530. "O Império Romano (o Sacro Império Romano-Germânico) está no fim, os turcos batem à porta, o esplendor do papismo se desvaneceu e o mundo está rachando por toda parte, como se fosse cair aos pedaços."

Se ainda estivesse vivo, é possível que Lutero ficasse decepcionado com a demora para que o Apocalipse ocorresse. Mas ele não forçou tanto a barra ao afirmar que o fim estava próximo. Graças ao ex-monge alemão e a uma geração de reformadores religiosos, um mundo, pelo menos, já tinha acabado: aquele que, durante mais de 1 100 anos, unira os cristãos do Ocidente. No lugar de uma só Igreja, monolítica, dominada pela supremacia do papa em Roma, metade da Europa Ocidental foi sendo tomada por Igrejas que consideravam a velha tradição católica como uma corrupção inaceitável dos ideais cristãos.

Esse desejo de renovação espiritual foi um dos pilares da Reforma Protestante. Mas como ela escapou de virar apenas outra "heresia" esmagada pela Igreja? O contexto histórico ajudou. Alguns camponeses, por exemplo, viram na Reforma a chance de corrigir injustiças do sistema feudal. Enquanto isso, no topo da sociedade europeia, nobres sentiram que o grito dos reformadores era um ótimo pretexto para arrancar o poder de papas, cardeais e arcebispos. A mistura de intenções puras e objetivos interesseiros ajudou a Reforma a ir longe e redefiniu o mapa da Europa.

TREMOR NAS FUNDAÇÕES

No começo do século 16, falar em "reforma" era conversa velha. Fazia centenas de anos que os intelectuais e místicos europeus malhavam a bagunça generalizada que parecia ter tomado conta da

Igreja. "Na Idade Média, a palavra *reformatio* estava na boca de todos, assim como ocorre hoje com a palavra 'democracia'. E se caracterizava pela mesma multiplicidade de significados", diz o holandês Heiko Oberman, um dos grandes estudiosos da Reforma, no livro *Luther: Man Between God and the Devil* (Lutero: O Homem entre Deus e o Diabo, inédito no Brasil).

Os críticos atacavam a vida de riqueza e luxúria dos líderes católicos e ficavam exasperados com a maneira como os altos cargos da hierarquia eclesiástica (que muitas vezes eram acompanhados pela posse de ricos feudos) viravam moeda de troca política. Mas o hábito que provavelmente mais escandalizava os intelectuais era a venda de indulgências. Com doações à Santa Sé, os cristãos mais abastados podiam, em tese, reduzir o tempo no Purgatório e agilizar sua ida ao Paraíso – era quase como comprar um lugar no Céu.

Todos os defensores da tal *reformatio*, entretanto, queriam corrigir o cristianismo de dentro para fora. Quebrar a unidade da Igreja era algo quase impensável. "Havia dissidências, mas elas geralmente eram localizadas, excessivamente diversificadas e sem coordenação", diz Euan Cameron, professor de Religião da Universidade Columbia, nos Estados Unidos. Quem deu uma mãozinha para tornar o reformismo mais radical foi o Renascimento. Com o declínio da Idade Média na Europa, a filosofia e a arte da Antiguidade estavam sendo redescobertas por estudiosos. Isso incluía os pensadores do começo do cristianismo e o texto original da *Bíblia*. Era a primeira vez em muito tempo que os acadêmicos da Europa Ocidental tentavam ler os Evangelhos em grego ou o Antigo Testamento em hebraico, deixando de se guiar apenas pelas versões em latim preferidas pela Igreja. Os textos antigos faziam seus leitores repensar as bases da própria fé e comparar o passado "santo" do cristianismo com seu presente mundano. O meio universitário europeu permitia uma certa liberdade para discutir esses temas.

Além do Renascimento, profundas mudanças sociais completavam o cenário favorável à Reforma. Com o desenvolvimento do capitalismo, surgia um mercado europeu dinâmico, envolvendo banqueiros, artesãos e comerciantes que queriam se ver livres de amarras políticas e religiosas para negociar. Especialmente na Alemanha, a terra natal de Lutero, muitas regiões começavam a se ver mais como parte de uma grande nação alemã que como membros do velho Sacro Império (que se estendia da França à atual República Tcheca), muito influenciado pelo papado.

CONFUSÃO NA PORTA

Num ambiente cheio de insatisfação com a Igreja, quem deu o primeiro passo para uma mudança séria foi um monge alemão com doutorado que dava aulas na Universidade de Wittenberg. Nascido em 1483, Martinho Lutero era filho de um camponês que enriquecera ao se tornar empresário da área de mineração. Contrariando os interesses do pai, que queria fazer dele advogado, Lutero decidiu entrar para um convento ao escapar com vida de uma tempestade de raios.

O jovem se tornou um monge exemplar. Apesar disso, sua consciência vivia atormentada. Ele temia a justiça de Deus, acreditando que os seres humanos eram tão pecadores que jamais seriam capazes de alcançar a salvação. Estudando a *Bíblia*, ele concluiu que os cristãos só poderiam ser salvos pela fé: incapazes de se redimir por sua força interna ou por suas boas ações, os fiéis receberiam a salvação por meio da generosidade gratuita de Deus.

Se o raciocínio de Lutero estava correto, a prática das indulgências era ainda pior do que se costumava acreditar. A Igreja estaria basicamente fazendo propaganda enganosa, já que não teria poder para amenizar os pecados – cujo julgamento caberia apenas a Deus. Em 1517, Lutero escreveu uma lista de críticas sobre as indulgências, num texto que ficaria conhecido como as *95 Teses*. Elas foram pregadas na porta da igreja do castelo de Wittenberg, à vista de todos. "O conteúdo teológico do documento não é especialmente importante. Sua importância vem do fato de que alguns editores com visão de negócios mandaram imprimi-lo, sem perceber que estavam instituindo uma revolução nas comunicações", diz Robert Kolb, professor de Teologia Sistemática do Seminário Concórdia, nos Estados Unidos. Por volta de 1520, as *95 Teses* e outros textos de Lutero tinham alcançado a incrível tiragem de 600 mil exemplares. Nada menos que 20% dos panfletos publicados na Alemanha entre 1500 e 1530 foram assinados pelo monge encrenqueiro – é como se, hoje em dia, um completo desconhecido passasse a ter o blog mais acessado do país.

Em semanas, boa parte dos intelectuais da Europa ficou sabendo da polêmica. Muitos se puseram do lado de Lutero. Já a Igreja recusou o debate teológico proposto pelo religioso e o ameaçou de excomunhão em 1520. Lutero não quis se retratar. No ano seguinte, ele foi chamado diante do imperador Carlos V e da Dieta (algo como a câmara dos deputados) do Sacro Império. Continuou irredutível. A partir daí, embora tenha conseguido escapar, ele se tornou um herege condenado à morte.

TEMPLOS MODERNOS

Após passar uma temporada escondido, Lutero voltou a dar aulas em Wittenberg, protegido pelo príncipe Frederico III da Saxônia. Dizia que só a *Bíblia* podia ser considerada a palavra de Deus e que todos os cristãos eram sacerdotes. Não tão longe dali, outra voz se erguia contra a Igreja. Na década de 1520, o padre Ulrico Zwinglio tinha lançado na Suíça um ataque às indulgências parecido com o de Lutero e também defendia a supremacia da *Bíblia* sobre as autoridades eclesiásticas. Zwinglio se tornou um dos líderes políticos de Zurique e acabou com a veneração de imagens de santos e com a música nas cerimônias religiosas. Alguns cantões suíços se uniram a Zurique, enquanto outros declararam guerra aos "hereges". O próprio Zwinglio acabaria morto em combate, em 1531.

Na Alemanha, alguns defensores das ideias de Lutero, como o padre Thomas Müntzer, começaram a interpretar a Reforma de um ponto de vista social. Afinal, se o único rei verdadeiro era Deus, por que continuar obedecendo à realeza? Camponeses, plebeus e até nobres se uniram a Müntzer e pegaram em armas. Entre 1524 e 1525, a Guerra dos Camponeses virou a Alemanha de pernas para o ar. Os nobres conseguiram massacrar os rebeldes – e foram apoiados por Lutero, que recusava o uso da violência defendido por Müntzer e considerava heréticas certas práticas dos revoltosos, como o batismo de adultos que já tinham sido batizados quando bebês.

As nações de língua alemã não eram as únicas a sofrer a influência dos reformistas. Nas décadas de 1520 e 1530, por exemplo, o luteranismo se tornou tão influente na Escandinávia que acabou levando a um rompimento da região com Roma. Já na Inglaterra, o rei Henrique VIII (tão católico que chegara a escrever um tratado contra Lutero), queria que o papa anulasse seu casamento com Catarina de Aragão. O problema é que a rainha era tia do líder do Sacro Império, Carlos V, a quem o papa não queria desagradar. Em 1533, persuadido por conselheiros com inclinações protestantes, Henrique VIII resolveu se divorciar sem autorização papal. Nascia aí a Igreja Anglicana, cuja liderança coube ao rei britânico. "Anos antes, a Reforma na Inglaterra parecia impossível, mas acabou se instaurando", diz o historiador Christopher Haigh, da Universidade de Oxford, na Inglaterra. A nova religião começou quase como um catolicismo sem papa, mas foi sendo cada vez mais influenciada pela Reforma, até ficar no meio do caminho entre protestantismo e catolicismo.

O último golpe contra a antiga unidade cristã veio da França. Lá, um advogado chamado João Calvino desenvolveu doutrinas ainda mais radicais, que não só rejeitavam a autoridade do papa e a missa como consideravam que Deus predestinava apenas certas pessoas para a salvação. A partir de 1536, Calvino refugiou-se em Genebra, na atual Suíça, e, após vencer diversos conflitos, instituiu um sistema de governo dominado por sua visão do cristianismo. A cidade se tornou um centro de formação de missionários protestantes.

Enquanto isso, na Alemanha de Lutero, nobres rompiam com a Igreja e aproveitavam para tomar suas terras e riquezas. Para brecar a onda de mudanças, o imperador Carlos V deu início a uma guerra civil no Sacro Império. Sem conseguir vencer pelas armas, ele assinou um acordo com os luteranos: a Paz de Augsburgo, em 1555. Graças a ela, cada príncipe ficou livre para determinar a religião de seu território. A divisão da Europa cristã em duas tinha acabado de virar lei. Nos

100 anos seguintes, guerras religiosas ainda matariam muita gente na Europa. Lutero, contudo, não viveria para ver a Paz de Augsburgo nem o sangue derramado depois. Casado com a ex-freira Katharina von Bora, ele morreria em Eisleben, sua terra natal, em 1546.

Hoje, quase 500 anos depois da publicação das *95 Teses*, protestantes e católicos já são capazes de dialogar pacificamente em debates sobre teologia. Mas, se não entram mais em guerra por causa de suas diferentes convicções religiosas, os dois lados ainda são protagonistas de disputas intensas. No Brasil, por exemplo, a Igreja Católica luta diariamente contra a perda de fiéis para o ramo mais jovem do protestantismo: as igrejas neopentecostais, conhecidas como "evangélicas".

A IGREJA E O SEXO

Defendido pelos primeiros cristãos, o celibato prevalece entre os padres católicos desde o século 12. Mas, mesmo depois, nem papas escaparam de vários escândalos. A relação entre fé e sexualidade segue marcada por tabus

· REINALDO JOSÉ LOPES ·

Edição 85 • Agosto 2010

Jesus usava metáforas enigmáticas em sua pregação com maestria, mas poucas são tão desconcertantes quanto esta no *Evangelho de Mateus*: "(...) Há eunucos que a si mesmos se fizeram eunucos por amor do Reino dos Céus. Quem puder compreender, compreenda". Escrita entre os anos 80 e 90, a passagem passou a ser interpretada como um chamado à vida celibatária: os "eunucos" seriam os que, por vontade própria, deixam de lado a vida sexual por devoção a Deus. Era apenas o início de séculos de conflito envolvendo a Igreja Católica e a sexualidade de seus representantes.

A opção pela castidade custou a vingar como uma norma generalizada no clero. Mesmo à medida que as regras se tornavam mais duras, sobravam contradições. E contravenções. Inclusive no Vaticano. Até o século 13, a eleição de papas casados era comum. Esperava-se deles, apesar do matrimônio, a abstinência. Mas o fato é que muitos – solteiros, casados ou viúvos – não foram exatamente castos após a opção pela vida religiosa. Há uma notória coleção de filhos ilegítimos (nem por isso menos mimados) que, inclusive, viraram pontífices. Segundo registros históricos, o último herdeiro papal é do século 16, filho de Gregório XIII. E, embora as mulheres nunca tenham tido posições oficiais de poder na hierarquia católica, muitas delas – chamadas de mães de bastardos, amantes devassas ou tidas como santas exemplares – ajudaram a determinar os rumos da Igreja.

O celibato é recorrente em várias religiões ancestrais. No hinduísmo, existe há milhares de anos. Em geral, a abstinência total ao sexo surge para demarcar um estado de pureza e valorização do espírito em detrimento das necessidades humanas primitivas. Entre os budistas, o fundador da religião, no século 6 a.C., Sidarta Gautama, o Buda, abandonou a esposa para iniciar sua busca religiosa e assumiu a prática que seria adotada por todos os monges que o seguiram. Mesmo os cultos pagãos da Grécia e de Roma, atacados pelos cristãos, trazem relatos de sacerdotisas celibatárias, como aquelas responsáveis pelo culto da deusa Atena.

Entre os maiores credos do planeta, porém, a Igreja Católica é a única que hoje prevê a castidade absoluta para todos os seus sacerdotes.

Uma diferença e tanto em comparação com as primeiras gerações cristãs. Basta lembrar que, segundo o Novo Testamento (o mesmo que abriga o *Evangelho de Mateus*) Jesus cura de uma febre a sogra de Pedro, líder dos apóstolos e, segundo a tradição, o primeiro papa. (Isso, claro, indica que ele era casado.) Em suas cartas, Paulo, o maior missionário da Igreja primitiva, afirma que muitos apóstolos viajavam com sua esposa sem dar a entender que estava censurando essa prática.

"Paulo defendia o controle dos instintos sexuais e promovia o celibato, embora não exigisse isso de seus seguidores", diz Dale Martin, especialista em origens cristãs da Universidade Yale. "Não há dúvida de que muitos dentro da hierarquia primitiva da Igreja compartilhavam essas ideias."

Para Martin, ao assumir o celibato como ideal, os cristãos incorporaram temas já presentes na cultura greco-romana da época. "Mesmo antes do cristianismo, os filósofos e médicos pagãos ensinavam que as relações sexuais deveriam ser severamente controladas ou evitadas por completo por razões de saúde." Com o tempo, a teoria ganhou força entre os adeptos da nova religião. "Para os líderes latinos, gregos e sírios da Igreja dos três primeiros séculos, é quase um ponto pacífico que a vida de castidade, ou *hagneia*, e continência, ou *enkrateia*, deve ser preferida ao matrimônio", diz Luiz Felipe Ribeiro, pesquisador de história do cristianismo antigo na Universidade de Toronto. Surgiu até a instituição denominada, em latim, de *Virgines Subintroductae*: homens virgens que se "casavam espiritualmente" com mulheres também castas e, em tese, não deveriam consumar a união. Separados na cama, mas juntos como casal, acreditavam que poderiam servir melhor a Deus.

SANTO REMÉDIO

Embora esse ideal possa agora parecer opressivo, ele tinha um fascínio quase libertário para parte da juventude do Império Romano. Num mundo em que o pai tinha poder de vida e morte sobre os filhos, podendo decidir com quem se casariam, assumir o celibato por escolha própria talvez não fosse tão ruim assim. Para as meninas, forçadas a viver com um marido frequentemente décadas mais velho do que elas, logo após sua primeira menstruação, a virgindade soava ainda mais interessante.

Um exemplo dessa atração é o texto apócrifo (não incluído nos livros oficiais da *Bíblia*) conhecido como Atos de Paulo e Tecla. Na obra, afirma Ribeiro, "depois de ouvir a pregação de Paulo (em defesa do celibato) da janela de seu quarto, a jovem Tecla abandona a casa, a família, o noivo e, por fim, a cidade. Ela acaba encarnando a missionária por excelência". De volta ao Novo Testamento, porém, redigido no século 1, é possível encontrar nas Epístolas Pastorais uma perspectiva bem distinta sobre o papel da mulher na Igreja – e as tentações que ela representa. Trata-se de um conjunto de cartas atribuídas também a Paulo, mas provavelmente escritas por outros autores anônimos. Nas Epístolas, exige-se que as mulheres tenham um papel submisso e subalterno e recomenda-se que os bispos, que então estavam se tornando os principais líderes do cristianismo, fossem "maridos de uma só esposa" e governassem sua casa e seus filhos com mão firme.

Como se vê, quando os cristãos finalmente ganharam liberdade religiosa, com sua fé transformada no credo oficial do Império Romano, no fim do século 4, tiveram de lidar com uma série de visões mais ou menos contraditórias a respeito do celibato e da castidade em sua tradição. Embora o papa, como bispo de Roma, já fosse uma figura influente, ele não detinha o poder enorme e centralizado que exerce hoje e, por isso, as decisões dependiam dos concílios e sínodos, grandes reuniões dos bispos. Esses encontros tendiam a determinar que fiéis casados poderiam virar padres ou bispos, mas, a partir do momento da ordenação, deveriam encerrar as intimidades carnais. Se fossem viúvos, não poderiam voltar a se casar. Foi essa, por exemplo, a recomendação do Concílio de Elvira, na atual Espanha, em 306. Duas décadas depois, o Concílio de Niceia proibiu que qualquer sacerdote se casasse ou mantivesse relações sexuais, mas a lei simplesmente não pegou.

Há várias ocorrências de papas casados que deixaram a família para assumir suas funções, como são Sirício, no século 4 (que emitiu a primeira ordem papal determinando o celibato aos padres, conhecida como Directa) e são Ágato, no século 7. São Hormisdas, que morreu em 523, é o pai de outro papa, são Silvério. No fim do século 7, os católicos do Ocidente e os cristãos do Oriente, hoje conhecidos como ortodoxos, começaram a mostrar sérias divergências na maneira como interpretavam as regras sobre o celibato. No Concílio Quinissexto, realizado em Constantinopla em 692 por bispos orientais, ficou definido que os sacerdotes podiam continuar casados desde que tivessem contraído matrimônio antes de serem ordenados. O celibato perpétuo só seria exigido dos bispos. No Ocidente, o voto de castidade era demandado de todo o clero.

Na prática, a situação era bem diferente. "O casamento clerical tornou-se rotineiro em toda a Europa. Na Inglaterra, muitos párocos eram casados. O mesmo acontecia em Milão e no norte da Itália em geral, onde não eram raros os bispos casados e o cargo clerical podia passar de pai para filho", escreve o historiador Eamon Duffy, da Universidade de Cambridge, autor de *Santos e Pecadores - História dos Papas*.

LUXÚRIA EM ROMA

O fato, diz Duffy, é que esses casamentos só escandalizavam os religiosos mais severos. O mesmo não se pode dizer sobre o que muitos historiadores consideram uma das fases mais obscuras do papado, que durou quase todo o século 10. Nesse período, com o enfraquecimento do principal protetor militar e político dos papas, o Sacro Império Romano-Germânico, os pontífices viraram joguetes nas mãos das famílias poderosas de Roma, as quais queriam transformar seus membros ou aliados em líderes da Igreja mesmo que eles não tivessem a mínima vocação para isso. Eram figuras como Sérgio III, papa de 904 a 911, que fez da sedutora adolescente Marozia sua amante. Ela tornou-se concubina ainda de outro papa, João X (o qual também tivera um caso com Teodora, mãe da ninfeta), maquinou o assassinato de João e, mais tarde, conseguiu colocar no trono seu próprio filho com Sérgio, um rapaz de 20 anos que assumiu o papado com o nome de João XI. Anos depois, a família ainda emplacou outro pontífice,

João XII, neto de Marozia. Crônicas da época afirmam que ele transformou a Basílica de São João de Latrão num bordel pessoal. Teria inclusive morrido nos braços de uma amante, em 964.

Era de esperar que tamanha bagunça gerasse uma reação, e ela veio com uma série de papas reformistas no século 11. Eles fizeram de tudo para reafirmar a obrigação do celibato – um deles, Leão IX, chegou a rebaixar a padre o bispo de Nantes, na França, que tinha herdado seu cargo do pai. A partir daí, a repressão política às "escapadas" dos sacerdotes cresceu e, após o primeiro e o segundo Concílio de Latrão, o celibato se tornou um hábito da maioria dos religiosos.

Esforços moralizadores à parte, ainda não era o fim dos papas promíscuos. Pontífices da Renascença, como Alexandre VI e Paulo III, agiam como qualquer outro monarca da época, usando seus vários filhos ilegítimos como peças do xadrez político, casando-os com herdeiros de outros tronos e empregando exércitos para criar domínios pessoais em favor dos familiares. De certa maneira, figuras como as sedutoras Vannozza dei Catannei e Giulia Farnese, amantes conhecidas de Alexandre VI, reviveram o poder feminino sobre o papado que tinha sido tão importante nos tempos de Marozia. As duas se aproximaram de Alexandre quando ele ainda era cardeal. Deram-lhe herdeiros que acabaram reconhecidos publicamente e conseguiram riqueza e influência para suas famílias, apesar da fama de prostitutas. (Os romanos, jocosamente, apelidaram Giulia de "noiva de Cristo".)

RACHA

O golpe decisivo na luxúria papal provavelmente foi a Reforma Protestante, que levou a Igreja Católica, entrincheirada, a uma nova busca por moralização. Enquanto os protestantes, seguindo o que consideravam ser o exemplo dos apóstolos, liberaram o casamento do clero, a resposta católica foi endurecer de vez o celibato de seus sacerdotes. O Concílio de Trento (de 1545 a 1563), que marcou a Contrarreforma, deixou as coisas claras ao afirmar que o celibato era superior espiritualmente ao estado de casado. Essa visão da relação entre homem e mulher como naturalmente inferior à castidade só começou a dar sinais de mudança com o Concílio Vaticano Segundo, encerrado em 1965. Grande fonte de renovação para a Igreja, ele estabeleceu que poderia haver a ordenação de diáconos (na hierarquia, um degrau inferior ao de padre) já casados. Eles podem fazer a leitura do Evangelho durante a missa, entre outras atribuições. Ainda assim, muitos consideraram a iniciativa insuficiente. Havia a expectativa de que a obrigatoriedade do celibato fosse abolida.

Já do ponto de vista teológico, líderes como João Paulo II deram passos rumo a uma visão menos puritana do sexo. "Ele provavelmente foi o único papa a escrever de forma positiva sobre o orgasmo feminino, por exemplo", diz Eamon Duffy.

A recente onda de denúncias de abuso sexual cometido por padres contra crianças e adolescentes colocou o celibato mais uma vez em xeque. Em tese, como não é um dogma de fé, ela poderia ser "flexibilizada". E não há pistas de que o Vaticano possa vir a aceitar relacionamentos homossexuais e ordenar mulheres, outras duas reivindicações bastante atuais sobre o funcionamento da Igreja.

De qualquer forma, é difícil negar o fato de que a pressão para que essas mudanças aconteçam existe e é significativa. Levantamento feito pela revista jesuíta *Civilità Cattolica* aponta que quase 70 mil padres abandonaram a batina entre 1964 e 2004. Só no Brasil, enquanto há 18 mil sacerdotes na ativa, cerca de 7 mil deixaram sua paróquia para se casar. Em 2008, um documento aprovado por 430 delegados no Encontro Nacional dos Presbíteros (que reúne representantes dos padres brasileiros) pediu que houvesse uma busca de "alternativas" ao sacerdócio de celibatários. Embora a Igreja considere que seus ensinamentos são imutáveis, o fato é que as coisas sempre mudaram dentro dela – e talvez continuem mudando.

HABEMUS CRISEM

A renúncia de Bento XVI foi mais um episódio da longa História do papado. Em 2 mil anos, a Igreja encarou assassinatos, sequestros, invasões, cismas e imoralidades – e mais recentemente escândalos financeiros e casos de pedofilia

· TIAGO CORDEIRO ·

Edição 117 • Abril 2013

Nunca aconteceu nada igual nos últimos seis séculos. Dos 266 homens promovidos a representantes diretos de Deus na Terra, somente 14 deixaram o cargo com vida. Ao anunciar ao mundo sua renúncia, Joseph Ratzinger, o papa Bento XVI, sabia bem o alcance de sua decisão. "Depois de ter examinado repetidamente a minha consciência diante de Deus, cheguei à certeza de que as minhas forças, devido à idade avançada, já não são idôneas para exercer adequadamente o ministério petrino", afirmou em latim, diante de um grupo de religiosos aturdidos.

"Ele não aguentou os escândalos de pedofilia, as divisões políticas internas e as graves suspeitas de irregularidades financeiras", diz o pesquisador Anura Guruge, autor de *The Next Pope* (O Próximo Papa, sem tradução). "O Vaticano está em crise mais uma vez. Mas essa situação não é nada perto de outros problemas que a Igreja já enfrentou no passado." Conflitos, de fato, acompanham o cristianismo desde sua origem. "Ao longo da História, as crises do Vaticano são causadas principalmente por três motivos: divergências internas, que provocam rompimentos, como o cisma com Bizâncio e o de Avignon; falta de seriedade e ética de seus líderes, o que facilita os casos de corrupção; e incapacidade para lidar com pressões externas, algo que abalou a Igreja, por exemplo, durante o escândalo do Holocausto", afirma a historiadora Brenda Ralph Lewis, autora de *The Popes: Vice, Murder and Corruption in the Vatican* (Os Papas: Vício, Morte e Corrupção no Vaticano, sem tradução).

Nesta reportagem, você vai conhecer outros momentos em que o cristianismo enfrentou grandes turbulências. "A crise vai ser superada, e outras virão", diz Donald Prudlo, autor de *Certain Sainthood* (Certa Santidade, sem tradução). "Estamos falando da instituição mais antiga e resistente do mundo."

DIVISÕES E CISMAS

As confusões no catolicismo estão em sua origem. Os cristãos nem se preocuparam em se organizar – Jesus tinha prometido que voltaria e eles achavam que seria logo. "Nas primeiras décadas, a única reunião de encontro entre os fiéis era um jantar semanal para relembrar a Santa Ceia", diz o medievalista Roger Collins.

À medida que o tempo passava, o volume de fiéis crescia e a perseguição dos romanos aumentava, foi preciso adotar uma série de medidas práticas. Cada uma das principais cidades do império ganhou um bispo, que chefiava os seguidores. Foi só com o passar do tempo, aliás, que o bispo de Roma se tornou mais importante do que os colegas.

Outro problema era unificar doutrinas. No século 4, pelo menos cinco grupos defendiam linhas diferentes e tinham bispos influentes. Dois deles, em especial, foram derrotados depois de muito trabalho. Para os marcionistas, seguidores de Marcião de Sinope (c.110-160), Jesus nunca teve um corpo físico e o judaísmo não deveria ser a base da nova religião. Para os arianos, seguidores do presbítero Ário (256-336), de Alexandria, não havia Santíssima Trindade: Jesus era filho de Deus, mas não parte dele. A linha de pensamento que conhecemos hoje venceu a disputa depois de décadas de conflitos.

O primeiro grande concílio, em Niceia, em 325, era tão controlado pelos arianos que o bispo de Roma, Silvestre I, se recusou a comparecer. Mas, sob o comando do imperador romano Teodósio I (347-395), os arianos foram derrotados tempos depois. A transformação do bispo romano em papa (ou pai) da Igreja desagradou os religiosos de Constantinopla. Desde a queda do Império Romano, em 476, eles é que estavam no comando. O cisma mesmo, que criou a Igreja Cristã Ortodoxa, só foi formalizado no século 11. Mas, ao longo desses 1 100 anos desde a morte de Jesus, foram muitas as brigas.

ANTIPAPAS EUROPEUS

As rixas entre a Igreja de Roma e a de Constantinopla eram constantes. Os bispos da cidade fundada pelo primeiro imperador cristão, Constantino, se ressentiam por não ter voz em decisões importantes sobre rituais ou normas de conduta, como o celibato (que a Igreja oriental não aceita). Os dois bispados romperam entre 482 e 519 e entre 866 e 879, mas acabaram se reconciliando. A falta de seriedade dos papas da pornocracia complicou as relações com os bispos orientais.

Em 1054, o papa Leão IX tentou reagir excomungando o patriarca de Constantinopla da época, Cerulário, que enviou sua própria carta de excomunhão para Roma. Era o rompimento definitivo. Cerulário declarou fundada a Igreja Ortodoxa, enquanto Leão declarou que os cristãos de Roma eram membros da única fé, eterna e universal, católica (expressão que vem do grego *katholikos*). A excomunhão mútua não foi levada a sério na época, já que não era a primeira vez que a Igreja das duas cidades rompia. A situação da Europa e do Oriente, as Cruzadas e a expansão do Islã radicalizaram a separação, que parecia temporária. As duas Igrejas nunca mais reataram.

Durante 39 anos, a Igreja esteve rachada na Europa. O cristianismo ocidental teve dois papas simultâneos – por um período, foram três. Os antipapas não eram novidade. Ao longo da História, foram mais de 30, começando com Hipólito de Roma, em 235. Era comum que cardeais insatisfeitos se declarassem papas e levassem consigo parte do clero. Também não era raro que, em períodos mais turbulentos, os chefes da Igreja se mudassem de Roma. Papas governaram de outras cidades italianas, como Viterbo, Orvieto e Perugia. Pelo menos três deles, Urbano IV (1200-1264), Clemente IV, (?-1268) e Celestino V (*circa* 1260-1314), nunca estiveram em Roma. Mas o cisma de Avignon era um problema muito maior. A França quase virou a sede do comando da Igreja.

A eleição de Urbano II, papa entre 1088 e 1099, revoltou os cardeais franceses, que questionaram sua personalidade. Diante do impasse, elegeram Roberto de Geneva, que assumiu com o nome Clemente VII e se declarou papa – hoje considerado antipapa. Cada lado arregimentou nobres de diferentes países e o cisma se estabeleceu. Papas e antipapas se seguiram por razões políticas – diferentemente do cisma com o Oriente, não havia disputas teológicas em jogo.

Em 1409, um concílio em Pisa resolveu que os dois papas não tinham autoridade alguma e elegeram um terceiro. Mas ninguém renunciou, e a Igreja passou a ter três líderes. Foi preciso que um antipapa, João XXIII, fosse preso e renunciasse, outro, Bento XIII, fosse deposto, e o papa oficial, Gregório XII, renunciasse para que, em 11 de novembro de 1417, Martinho V (1368-1431) colocasse ordem no Vaticano.

PORNOCRACIA VATICANA

Desde o ano 550, o papa não é considerado santo assim que morre, mas precisa ser submetido ao processo tradicional de canonização. Faz sentido – tanto é que, dos 266 papas, apenas 78 são considerados santos. Muitos estavam bem longe disso e chegaram a criar uma tradição de costumes pouco cristãos dentro da Igreja. Em dois períodos em especial, os sumos pontífices transformaram a Santa Sé num reino bem terreno – e dos mais libertinos. "Quando se consolidou como uma força influente, o papado caiu nas mãos de famílias nobres que dominavam a Itália e queriam usar a influência da religião para expandir seu poder", afirma a historiadora Brenda Ralph Lewis.

A baixaria começou no século 10, o período conhecido, dentro da própria Igreja, como *saeculum obscurum* – ou, como alguns historiadores preferem, a "pornocracia" do Vaticano –, marcado pelo controle de famílias nobres em resultado das tensões iniciadas no fim do século anterior. Foi um período tumultuado: entre os anos 872 e 904, por exemplo, a Igreja teve 24 papas, e quatro deles duraram menos do que um ano no posto. Em 896, Estêvão VII (?-897), resolveu julgar o cadáver do pontífice anterior. Com isso, protagonizou uma das cenas mais bizarras da história do papado. Para o julgamento, ele exumou e mutilou o cadáver do papa Formoso (816-896). Se Estêvão tinha poder para agir assim sem ser questionado, é porque, desde o século 8, a Igreja havia se aliado aos reis francos, Pepino e Carlos Magno, que garantiram aos papas o status de chefes de Estado, com território e Exército. "A pornocracia do Vaticano é conhecida pelos papas jovens, alçados ao poder por nobres influentes, que se comportavam como monarcas sem moral, e não como líderes religiosos", afirma o pesquisador Anura Guruge. No centro desses 60 anos intensos está uma nobre chamada Marosia.

Aos 15 anos, Marosia, reputada como uma bela jovem na época, foi vendida por sua mãe, Teodora, como amante ao papa Sérgio III, papa entre 904 e 911, na época com 45 anos. Marosia e Sérgio tiveram um filho, Alexandre de Tusculum – que em 931 se tornaria o papa João XI. Sérgio foi encontrado morto, possivelmente envenenado.

Seus sucessores Anastácio III e Lando I duraram, ambos, dois anos e meio no posto e morreram em circunstâncias não esclarecidas.

João X (860-928), que veio depois, era amante de mãe e filha, Teodora e Marosia. Irritada por não receber a atenção que queria, Marosia se casou novamente, desta vez com Guido de Túscia. Guido prendeu e torturou João X, deposto do papado em vida para que outro amante de Marosia, Leão VI, assumisse o cargo em 928. Sete meses depois, Leão VI foi assassinado. Em seguida, o filho de Marosia com Sérgio III se tornou papa, aos 21 anos. Muitas confusões depois, em 955, chegou ao comando da Igreja um neto de Marosia, Otaviano, de 18 anos, com o nome de João XII. Ele entraria para a História por estuprar fiéis, doar cálices de ouro a suas mulheres e dormir com a amante de seu pai e sua própria mãe, tudo dentro das instalações papais. Com sua morte, em 964, a pornocracia acabou.

SOBRINHOS

Por um tempo, o Vaticano tentou resgatar as origens cristãs. Em 1032, Bento IX chegou ao papado com cerca de 20 anos, abandonou o cargo para se casar, voltou em 1044, vendeu o papado por 680 quilos de ouro um ano depois, retomou o pontificado em 1047, o abandonou em 1048, foi excomungado em 1049 e passou o resto da vida tentando ser papa de novo – nesse meio-tempo, acabou acusado de ter amantes, dormir com cardeais e estuprar fiéis de ambos os sexos.

Em 1274, os papas passaram a ser eleitos por um concílio de cardeais, uma medida que dificultou a indicação de garotos que, em alguns casos, nem padres eram – hoje o papado é o cargo eleito mais antigo de que se tem notícia, ainda que a democracia vaticana seja restrita ao seleto grupo de cardeais da Igreja. Mas, no século 13, mais uma vez a influência de uma nobreza sem lastro religioso tomou conta do Vaticano. Famílias poderosas resolveram aumentar seu poder político e financeiro com a força do papado. Durante a ascensão dos Bórgias, o Vaticano foi ocupado por uma série de pontífices que comprou brigas com famílias inimigas, indicou familiares para cargos cruciais da Igreja e instalou verdadeiros bordéis dentro das instalações papais. A nova crise moral foi mais longa: durou dois séculos e deu origem à palavra "nepotismo": no original, em latim, significava "indicar um sobrinho", uma prática muito comum na época. Como disse Leão X (1475-1521) à família ao assumir o cargo: "Vamos aproveitar o papado, já que Deus nos deu". Foi durante sua gestão, aliás, que teve início a Reforma protestante. Inocêncio VIII (1432-1492) deu cargos de influência a seus dois filhos. Paulo III (1468-1549) teve quatro filhos e fez de um deles, Pier Luigi Farnese, duque de Parma. Por sua vez, Júlio III (1487-1555) teve um longo caso com o cardeal Innocenzo Ciocchi del Monte.

VENDA DE INDULGÊNCIAS

Antes de o cisma de Avignon quase rachar a cristandade da Europa Ocidental, o Vaticano teve de lidar com outro foco de descontentamento na França. No século 12, os cátaros se espalharam pelo sul do país, pregando uma volta às origens do cristianismo e questionando a liderança papal. Para perseguir os revoltosos, surgiu em 1184 o tribunal da Santa Inquisição. Os cátaros foram massacrados, mas o tribunal continuou existindo para perseguir quaisquer outros inimigos da Igreja, fossem mulheres, pensadores ou homossexuais – em 1252, o uso de tortura para obter confissões foi autorizado.

No século 16, uma nova onda de descontentamento conseguiu dividir o cristianismo mais uma vez. A insatisfação de alguns líderes, como o monge alemão Martinho Lutero, com a condução da religião chegou ao auge durante o mandato do papa Leão X, de 1513 a 1521. O pontífice construiu a Biblioteca do Vaticano e tentou acelerar as obras de reconstrução da Basílica de São Pedro, iniciadas em 1505. Para pagar a conta, vendeu móveis, joias e objetos de decoração da cidade. E, principalmente, estimulou as indulgências, a absolvição total dos pecados em troca de dinheiro. O exagero foi tanto que o cardeal Alfonso Petrucci, de Siena, tentou matar o papa – ele e outros conspiradores foram descobertos e mortos por envenenamento.

Em 1517, Lutero pregou na porta da capela de Wittemberg suas famosas *95 Teses*, que questionavam a autoridade papal e davam início à Reforma Protestante. Foi um baque para Roma. Em pouco tempo, os cristãos da Europa Central, da Alemanha, da Holanda e da Inglaterra já haviam deixado a liderança do papa - boa parte dos franceses seguiu o mesmo caminho sem volta.

Em uma reação tardia, a Contrarreforma católica acabou com a venda de indulgências em 1567 e declarou guerra aberta às novas denominações protestantes. A medida impediu que o racha fosse ainda maior, mas o estrago já estava estabelecido. Um dos efeitos colaterais foram as guerras religiosas que varreram a Europa durante as décadas seguintes. Em tempo: o tribunal da Inquisição existe até hoje. Agora se chama Congregação para a Doutrina da Fé. Entre 1981 e 2005, ficou sob o comando de Joseph Ratzinger, o agora papa emérito Bento XVI.

ACORDO COM O FASCISMO

A Igreja detinha um extenso território no meio das repúblicas italianas. Em 1870, porém, tudo isso tinha mudado. O papa foi convidado a deixar o Palácio Quirinal, que passaria a abrigar o rei da Itália unificada. "A Igreja Católica esteve muito perto de desaparecer. Foi uma das maiores crises de sua História", diz o jornalista espanhol Santiago Camacho, autor de *Biografia Não Autorizada do Vaticano*. Se isso não aconteceu, foi graças a um acordo com o líder fascista Benedito Mussolini.

Em 1870, enquanto o Concílio Vaticano I declarava que o pontífice era infalível em matéria de fé e moral, os Estados Papais deixaram de existir e Pio IX (1792-1878) se tornou o último "papa-rei" - a perda de territórios tinha começado em 1859 e terminaria com o fim do controle sobre Roma. Em 1878, o corpo de Pio IX só não foi jogado no Rio Tibre (que já havia recebido os cadáveres de alguns outros papas ao longo daHistória) porque a multidão enfurecida foi contida pelos seguranças do Vaticano.

Nos anos 20, o catolicismo retomou parte de sua força com uma campanha para devolver à Igreja sua autonomia. A negociação foi conduzida pelos cardeais (e irmãos) Francesco e Eugenio Pacelli. Em

11 de fevereiro de 1929, Mussolini e o papa Pio XI se encontraram na residência papal, o Palácio de Latrão. A Igreja ganhou uma cidade autônoma dentro de Roma, além de US$ 90 milhões. Em troca, reconheceu a autoridade do regime fascista. Na Alemanha, um líder ambicioso comemorou o acordo: "O Vaticano confia nas novas realidades políticas muito mais do que o fez com a antiga democracia liberal. A Igreja reconhece que as ideias fascistas estão mais próximas da cristandade do que o liberalismo judeu". Seu nome: Adolf Hitler.

Em 1933, Eugenio Pacelli e Hitler, agora chanceler alemão, chegaram a um acordo, e políticos católicos apoiariam a lei que dava a Hitler poderes ditatoriais. Em 1939, Pacelli se tornou o papa Pio XII. "Mesmo quando o Holocausto era uma realidade, o papa falou poucas vezes condenando o massacre, e mesmo assim de forma ambígua", diz Camacho. Ainda hoje a postura dúbia de Pio XII provoca polêmica. "O papa não foi conivente com o nazismo, mas tampouco reagiu o suficiente."

PEDOFILIA E DINHEIRO

"No Vaticano, tudo o que não é sagrado é secreto", afirma o jornalista Camacho. Mas, muitas vezes, é difícil manter em segredo o que não é sagrado. Os escândalos que atingiram a gestão de Bento XVI são casos que ocorrem há décadas e só vieram à tona nos últimos dez anos. Desde 2002, o clero vem sendo acusado de protagonizar milhares de casos de pedofilia.

Com a publicação, na época, de uma reportagem do jornal americano *Boston Globe*, começaram a vir a público centenas de acusações contra religiosos nos Estados Unidos, na Irlanda, no Canadá, na Austrália, na Alemanha, nas Filipinas, na Áustria, na Bélgica e na Argentina, entre vários outros países. As investigações retomaram casos mais antigos. E ainda causam estragos. O único cardeal do Reino Unido com direito a voto no conclave que elegeria o novo papa *[o cardeal argentino Jorge Mario Bergoglio foi eleito papa com o nome de Francisco, em março de 2013]*, Keith O'Brien, renunciou antes, sob o peso de acusações de abuso sexual. Em dezembro de

2012, três cardeais entraram no apartamento do papa com um relatório de quase 300 páginas em mãos. Julian Herranz, Josef Tomko e Salvatore De Giorgi apresentaram o resultado de oito meses de investigação, encomendada pelo próprio Ratzinger, segundo reportagem do jornal italiano *La Repubblica*. Ao terminar de ouvir as informações, e com os papéis sobre sua mesa, o papa teria afirmado que a Igreja precisava de um homem capaz de realizar uma "ampla limpeza", de acordo com o jornal. A investigação documentaria a existência de um grupo homossexual, envolvendo padres e bispos, que faria parte de uma rede de prostituição de seminaristas, cantores de coro e imigrantes ilegais.

Os encontros entre membros do clero e garotos de programa seriam realizados em uma sauna de Roma, uma vila privada nos arredores da cidade, em um salão de beleza e na casa de um arcebispo italiano. Os envolvidos nesses casos, e também em escândalos de desvio financeiro, estariam sendo chantageados por outros grupos dentro do Vaticano - de acordo com o relatório, a cúpula da Igreja está dividida em vários partidos informais.

O relatório consolida o resultado de dez anos de escândalos recorrentes. Em 2011, o mordomo do papa, Paolo Gabriele, foi preso por roubar e repassar para o jornalista italiano Gianluigi Nuzzi documentos pessoais de Bento XVI, incluindo cartas em que o chefe da Igreja era informado dos casos de pedofilia envolvendo o clero em todo o mundo. Um ano antes, em 2010, Angelo Balducci, então presidente do Conselho Nacional de Obras Públicas e consultor do Vaticano, foi pego usando o telefone para intermediar a contratação de jovens para serviços sexuais. Em uma das ligações, Balducci recomendava um garoto disponível para encontros: "Só te digo que ele tem 2 metros, pesa 97 quilos, está com 33 anos e é completamente ativo".

Entre 2002 e 2010, a promotoria de Justiça do Vaticano recolheu alegações contra 3 mil padres, acumuladas nos últimos 50 anos. Um estudo do psiquiatra americano Thomas Plante aponta que 4 392 religiosos católicos estão envolvidos em acusações de molestamento sexual a menores de idade. São mais de 10 mil vítimas,

80% delas meninos. Os processos legais contra paróquias católicas já somam mais de US$ 3 bilhões em indenizações só nos EUA.

Oito paróquias decretaram falência. Em reação, Bento XVI pediu diversas desculpas públicas, em cartas e discursos, e afastou o padre mexicano Marcial Maciel (1920-2008), fundador da congregação Legionários de Cristo - Maciel, um ferrenho defensor público do celibato, mantinha relações sexuais com seminaristas jovens, teve seis filhos com duas mulheres diferentes e é acusado de abusar de dois deles.

"Bento XVI era o responsável por investigar esses casos desde 1983, quando se tornou prefeito da Congregação para a Doutrina da Fé. Em 1997, chegou a pedir ao papa João Paulo II para ser dispensado da função", diz a historiadora Brenda Ralph Lewis. "Ele demorou demais para agir, e só admitiu publicamente que a pedofilia era um problema quando não era mais possível esconder os casos." Antes disso, as denúncias foram tratadas como questão exclusiva dos bispos locais, que muitas vezes apenas transferiam os padres acusados para outras dioceses, onde eles continuavam em contato com crianças.

No mesmo dia de maio de 2012 em que o mordomo do papa foi formalmente acusado de roubar documentos, Ettore Gotti Tedeschi, presidente do Instituto das Obras da Religião (IOR), o banco do Vaticano, recebeu um voto de desconfiança do conselho de supervisão e pediu para deixar o cargo. Em 2010, Bento XVI havia estabelecido uma nova legislação do IOR, com regras mais rigorosas. Pelo visto, aqui também agiu tarde demais.

Desde pelo menos os anos 40, o Vaticano vive cercado por sombras a respeito das operações financeiras de seu banco. Os escândalos envolvendo o IOR começam com a suspeita de lavagem de dinheiro nazista e passam pelo envolvimento de pessoas ligadas à máfia - o arcebispo Paul Marcinkus, que comandou o banco entre 1971 e 1989, chegou a ser conhecido como o "banqueiro de Deus" antes de protagonizar, em 1982, o escândalo do rombo de US$ 1,5 bilhão no Banco Ambrosiano, de Milão. Dois meses antes, o presidente do Ambrosiano, Roberto Calvi, foi encontrado enforcado em uma ponte de Londres. Uma perícia comprovou que ele foi assassinado e depois penduraram seu corpo para simular suicídio. "Parecia estranho que os escândalos financeiros tenham vindo à tona nos últimos anos ao mesmo tempo que os casos de pedofilia", afirma o historiador Donald Prudlo. "Com as informações sobre o relatório de 300 páginas entregues ao papa, tudo se encaixa."

OS PAPAS QUE SAÍRAM VIVOS

Como regra, o papa só deixa o cargo ao morrer. As renúncias em vida são exceções. De todos os pontífices que a Igreja teve até hoje, só 14 pediram para sair ou foram forçados a se afastar. "Até o século 6, alguns pontífices acabaram presos e exilados, e tinham que deixar o comando para abrir espaço para outro líder", afirma Roger Collins, autor de *Keepers of the Keys: A History of the Papacy*. "A partir do século 9, e até o século 16, as disputas internas por poder é que deram o tom das renúncias."

Faz parte do primeiro grupo Ponciano (230-235), condenado pelo imperador romano Maximono Trax a trabalhos forçados na Sardenha. O segundo inclui Celestino V (1294): o último líder não eleito por um conclave publicou um decreto autorizando os papas a renunciar e fez uso dele. O último a deixar o cargo antes de Bento XVI foi Gregório XII (1406 a 1415). Ele conviveu com dois antipapas e, aos 90 anos, durante o Conselho de Constança, decidiu renunciar para que um nome de consenso assumisse e acabasse com o cisma de Avignon. Uma curiosidade: Ratzinger é o terceiro Bento que renuncia ao papado. Os outros dois foram Bento V (964) e Bento IX (1032 a 1044; 1045; 1047 a 1048).

O ÚLTIMO PONTÍFICE?

Segundo as *Profecias de Malaquias*, depois de Bento XVI, o papa seguinte seria o último – teria nascido em Roma e iria assumir o nome Pedro. Durante sua gestão, o Apocalipse vai começar. Ao acreditar nessas palavras, não só o papado está acabando como o fim do mundo está próximo. Publicada em 1595 pelo monge beneditino Arnold de Wyon, as *Profecias* são creditadas ao primeiro santo da Irlanda, que viveu entre 1094 e 1148. Durante uma visita ao Vaticano, em 1139, Malaquias teria visto os últimos dez papas e descrito cada um deles com frases curtas em latim. Na equivalência estabelecida entre os pontífices e o texto do século 16, João Paulo II seria *De Labore Solis* ("Do Trabalho do Sol") e Bento XVI, *De Gloria Olivae* ("Da Glória da Oliveira"). O próximo, e último da lista, seria *Petrus Romanus* ("Pedro Romano"). Ao menos no nome e na nacionalidade, a profecia falhou. A aguardar o restante.

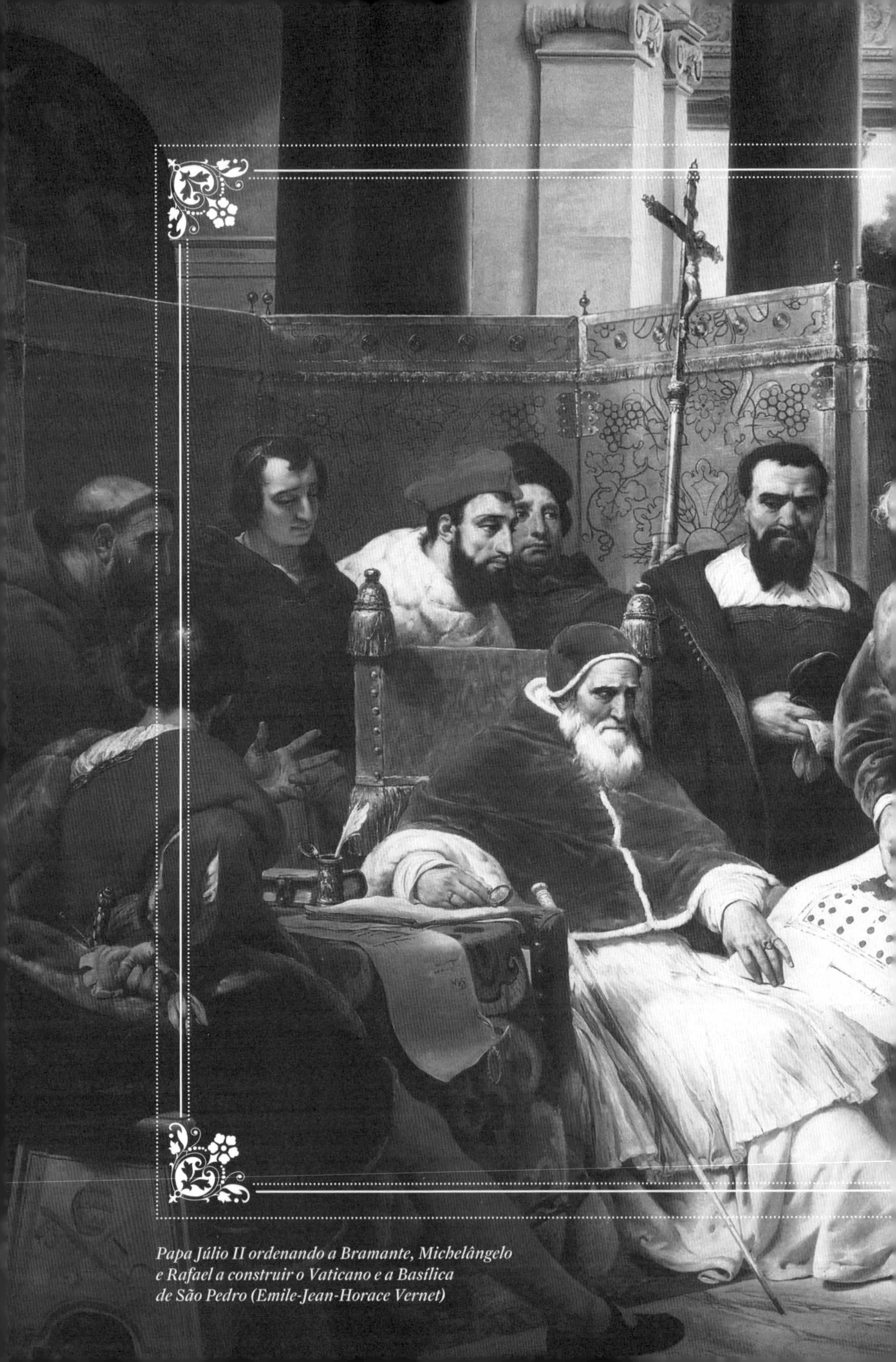

Papa Júlio II ordenando a Bramante, Michelângelo e Rafael a construir o Vaticano e a Basílica de São Pedro (Emile-Jean-Horace Vernet)

EM NOME DE JESUS

OS ÚLTIMOS PAGÃOS DA EUROPA

As Cruzadas do Norte, conduzidas pelos Cavaleiros Teutônicos, levaram a palavra de Cristo na ponta da espada e espalharam o terror na Idade Média

· FABIO MARTON ·

Edição 118 • Maio 2013

A força era relativamente pequena. Não passava de 300 cavaleiros e soldados de infantaria. Estava às portas da cidade de Gdansk, no litoral da atual Polônia. O uniforme era um paradoxo: túnicas com cruzes pretas cobriam as armaduras. Na cabeça, os elmos eram decorados com chifres. Pareciam demônios agindo em nome de Jesus Cristo.

Há controvérsia sobre o que se seguiu. Não está claro se as portas foram abertas, se houve cerco ou combate. O fato é que a Ordem dos Cavaleiros Teutônicos entrou em Gdansk sem muita resistência. Sua missão era retomá-la para o rei da Polônia, após uma revolta de comerciantes alemães negar a autoridade do soberano. Com a cidade conquistada, em 13 de novembro de 1308, todos os resistentes foram mortos. Eram, em sua maioria, compatriotas alemães. As mulheres e crianças tiveram o mesmo destino. Depois, os invasores atearam fogo no local. Cachorros lambiam o sangue que escorria copioso nas ruas. As crônicas medievais, provavelmente exageradas, falam em 10 mil vítimas no que ficou conhecido como o Massacre de Gdansk.

Os Cavaleiros Teutônicos esperavam o pagamento real pelo serviço prestado. Como não se chegou a um acordo, convocaram mais 4 mil cavaleiros, expulsaram a guarnição polonesa e prosseguiram conquistando e arrasando todas as cidades da Pomerélia, deixando a Polônia sem litoral. O massacre gerou um processo em Roma, durante o qual a Ordem chegou a ser excomungada pelo papa, mas terminou absolvida.

Se um massacre covarde não parece uma boa introdução para uma história de cavalaria é porque as Cruzadas do Norte não foram feitas de honra e glória, mas forjadas em combates desiguais, fanatismo, traição e ambição mercantil. Como no Oriente Médio, guerreiros que fizeram votos de pobreza e castidade cometeram saques e estupros. Por mais de dois séculos, a cristandade esteve em guerra santa contra diversos povos do Mar Báltico, os últimos pagãos da Europa.

CRISTIANISMO, ARMADO E PERIGOSO

Após a conquista de Jerusalém pela Primeira Cruzada, em 1099, a cristandade viveu uma fase de violenta euforia. A conversão dos vikings, iniciada no século 8, havia se dado de forma relativamente pacífica, por contato, diplomacia e trabalho missionário – ninguém precisou conquistá-los para impor a crença à força. A opção começou a parecer atraente após a vitória na Cidade Santa. Em 1147, o abade Bernardo de Clairvaux anunciou a primeira das Cruzadas do Norte: "Proibimos expressamente que por qualquer razão se faça paz com esses povos, seja por dinheiro ou tributo, até chegar o tempo em que, com a ajuda de Deus, eles ou sua religião sejam destruídos".

As palavras de Bernardo (mais tarde São Bernardo) têm origem um ano e meio antes, quando o papa Eugênio III convocou a Segunda Cruzada para recuperar um território perdido no Oriente Médio. Os alemães da Saxônia pediram uma reunião com Clairvaux, já então um grande ideólogo e propagandista da guerra santa, para demonstrar que o inimigo infiel estava na porta de casa e não era preciso viajar ao Oriente Médio para enfrentá-lo.

Numa faixa entre a Alemanha e a Rússia, povos de diversas etnias recusavam a conversão. Uma dessas regiões era a Prússia, habitada então por eslavos. Em 997, o missionário São Adalberto foi morto pelos prussianos a golpes de lança depois que tentou, sem sucesso, cortar a árvore sagrada dos pagãos com seu machado. Sua cabeça desfilou pelas ruas. Havia também apostasia, como a que ocorreu na ascensão do príncipe Niklot, dos vendos, em 1131, que retomou crenças ancestrais depois de dois príncipes cristãos.

Os povos do báltico viviam em sociedades violentas, com frequentes ataques de uns contra os outros. Haviam sido empurrados para a região na Antiguidade, por inimigos eslavos, celtas e germânicos, até conseguirem se proteger atrás de uma faixa de pântanos e florestas que cruzava a atual Polônia. Não tinham escrita. O que se sabe deles vem de sítios arqueológicos, folclore e relatos de seus inimigos.

Suas armas eram primitivas: lanças, machados e porretes. Tinham cavalos, mas eram pôneis, menores que os de outros europeus. Sabiam fazer fortificações de madeira e não tinham armas de cerco, como catapultas, torres e trabucos. Os únicos entre eles que chegaram a ter um exército foram os lituanos, que adotaram as tecnologias de seus inimigos – todos os outros eram bandos desorganizados de guerreiros, a típica imagem do bárbaro.

Com barcos de construção similar aos dos vikings, os pagãos que viviam no litoral faziam incursões de pirataria. Por ironia, seu alvo costumavam ser os países nórdicos. "Jovens *[bálticos]* só conseguiam adquirir o dinheiro necessário para comprar uma fazenda e casar por meio da guerra – pilhagens traziam dinheiro, gado, cavalos e escravos", afirma o historiador William Urban, da Universidade de Monmouth (EUA).

Influenciado por Bernardo de Clairvaux, o papa Eugênio III lançou uma bula, em 13 de abril de 1147, afirmando que guerrear contra os infiéis na Península Ibérica e no Báltico teria o mesmo efeito que fazer isso no Oriente Médio. O guerreiro seria perdoado por todos os seus pecados, ganhando acesso direto ao Paraíso.

GUERRA CONFUSA

O príncipe Niklot reagiu ao avanço cristão na região com um ataque preventivo aos saxões, dando início à Cruzada dos Vendos. Foi uma guerra curta e confusa. Forças unidas de dinamarqueses, saxões e poloneses, comandadas muitas vezes por bispos e abades, invadiram o território eslavo, saqueando, queimando templos e batizando guerreiros derrotados pelo caminho. No cerco à principal fortificação dos vendos, Dobin, os saxões exigiram o batismo das tropas dentro da fortaleza. Niklot não só aceitou como prometeu pagar tributos a eles. Os cruzados passaram água na cabeça dos inimigos e deram as costas, como se a missão estivesse cumprida. Tanto o príncipe como a maioria dos "convertidos" continuariam pagãos até o fim da vida. Em 1160, após uma revolta, o líder dos vendos foi morto em combate.

Muitos cristãos tomaram a nova regra papal como licença para abusar dos infiéis. Em 1186, com problemas financeiros por causa de uma guerra interna, o rei Sverre da Noruega foi buscar recursos saqueando as terras dos bálticos. Em 1195, atendendo a um pedido por reforços militares em uma missão na Livônia, os suecos se limitaram a encher seus barcos de carga roubada e ir para casa celebrar. Com a autorização do papa, os nórdicos tiveram a chance de voltar a fazer "ataques vikings à moda antiga", descreveu o historiador Eric Christiansen, autor do livro *The Northern Crusades* (sem tradução).

Na Livônia (território das atuais Estônia e Letônia) havia uma missão cristã desde 1185. Ela começou pacífica, mas se militarizou quando os religiosos perderam a paciência com as conversões insinceras dos pagãos. Em 1193, o papa Celestino III autorizou privilégios cruzadistas para quem reforçasse as tropas na região. Liderando esses exércitos, o bispo Bernardo de Hanover acabou morto, em 1198. Isso levou Inocente III, sucessor de Celestino, a decretar a Cruzada da Livônia. A guerra durou quase um século, e se estendeu a vários outros alvos, como os estonianos e letões. A Ordem Livônia dos Irmãos da Espada foi fundada em 1202. O território conquistado por esses monges guerreiros passou a ser chamado de Terra Mariana – a "terra santa" da Virgem Maria, não menos importante que Jerusalém.

Ainda hoje, os Irmãos da Espada são particularmente infames entre os povos bálticos: "Em nome de Cristo, atacavam, saqueavam, sequestravam, estupravam, matavam", escreveu o historiador letão Visvaldis Mangulis. Estupros eram obviamente proibidos pelos votos de castidade, mas, segundo Christiansen, "o irmão-cavaleiro estava exposto a fortes tentações, pois o poder frequentemente deixava as mulheres à sua mercê. Elas eram butim, e a expectativa de estupro era o que mantinha seus auxiliares nativos motivados. Alguns cavaleiros devem ter se juntado a eles".

Enquanto prosseguia a Cruzada da Livônia, entraram em ação os Cavaleiros Teutônicos. Surgida no final do século 12 em Acre, na Palestina, a ordem era formada por guerreiros que viviam em conventos, renunciando à propriedade e aos prazeres carnais, até mesmo à mesa: se alimentavam quase só de pão, água e alguns vegetais insossos.

Os Cavaleiros passaram a procurar novos alvos após as sucessivas derrotas dos cristãos na Palestina, principalmente com a queda de Jerusalém em 1187. Em 1226, aceitaram o convite do duque polonês Conrado I, de Masóvia, para tomar parte em sua até então malfadada campanha contra os prussianos. Conrado deu a eles um feudo em Chelmno, que se expandiria em um novo país.

Com uma força de 10 mil homens, em 1233, os cruzados levariam quase 30 anos para conquistar a Prússia. Os territórios passaram a fazer parte do Ordensstaat, o Estado da Ordem, ao qual se juntaram as conquistas dos Irmãos da Espada, em 1236, após a Batalha de Saule, na qual os lituanos praticamente aniquilaram os monges-guerreiros – os sobreviventes se juntaram aos teutônicos. Com pagãos escasseando na região, em 1241, a Ordem passa a atacar outros cristãos, invadindo a República de Novgorod, de ortodoxos russos, com apoio do papa e dos reinos da Suécia e Dinamarca. Foram derrotados na Batalha do Gelo, imortalizada no filme *Alexander Nevsky* (1938), de Sergei Eisenstein. A cavalaria russa empurrou os cruzados para dentro de um lago congelado – com suas armaduras pesadas, o gelo se partiu e 20 deles foram ao fundo. A humilhação delimitou a fronteira máxima da ação dos cruzados: eles nunca mais voltariam a atacar os russos. O território do Ordensstaat cresceu em outras direções e chegou a dominar todo o litoral do Báltico entre a Alemanha e a Rússia no final do século 15.

A VINGANÇA DOS POLONESES

Em 1283, a Ordem voltou-se contra o Grão-Ducado da Lituânia, o último e mais poderoso reino pagão da Europa. E também seu maior fracasso. Mesmo após um século de guerras e devastação, os lituanos só aumentaram seus domínios, chegando a uma imensa faixa entre os mares Negro e Báltico. Em 1385, a guerra acabou em derrota moral para os Cavaleiros, quando o grão-duque Jogalia da Lituânia casou-se com a rainha Edviges da Polônia, convertendo-se ao catolicismo e unificando os reinos.

Quando uma revolta nativista no Ordensstaat foi apoiada pelos lituanos, os Cavaleiros declararam guerra aos países unificados, em 1409. Foi um desastre: acabaram trucidados na Batalha de Grunwald, um ano depois. A ordem perdeu suas possessões bálticas, principalmente para a Polônia-Lituânia, até os últimos e pequenos feudos monásticos, em 1583, após a Guerra da Livônia – quase dois séculos após os últimos pagãos da Europa terem se inclinado à pia batismal e 446 anos após o início das Cruzadas do Norte. A Ordem dos Cavaleiros Teutônicos existe ainda hoje, depois de abandonarem qualquer propósito militar. Algo que só aconteceu em 1929.

O PANTEÃO BÁLTICO

Os pagãos do Mar Báltico não eram uniformes: falavam línguas eslavas, bálticas (como o letão e o lituano) e fínicas (como o finlandês e o estoniano), completamente ininteligíveis entre si. Mas sua religião tinha várias características comuns. Os povos bálticos reverenciavam a natureza, com os deuses principais relacionados ao céu, e os menores à terra, florestas e agricultura. Dievas era o deus do céu, onde tinha uma fazenda. Sua noiva era Saule, o Sol. Todos os dias, Saule se movia numa carruagem para seu casamento com Dievas. O rival de Dievas era Menuo, a Lua, o deus da guerra. Em algumas tradições, a Lua conseguia se casar com o Sol, mas era infiel, e por isso era punida por Perkunas, o deus do trovão. A deusa da terra era chamada Zemyna ("mãe terra"). Os cristãos relacionaram Zemyna à Virgem Maria e Dievas a Deus – ainda hoje essa é palavra para o deus cristão em lituano (do qual adotamos a grafia).

CRISTÃOS NA ÁFRICA

O cristianismo na Etiópia levou os portugueses a confundir a nação com uma lenda – mas acabaram expulsos do continente

· BARBARA BRETANHA ·

Edição 133 • Agosto 2014

Ao desembarcarem na costa da Etiópia, no leste da África, em meados do século 16, os portugueses foram surpreendidos com o que viram. Conhecida por vários nomes, como Terra de Pount e reino da Abissínia, era uma incógnita para os europeus. Mas os navegadores encontraram ali igrejas cuja arquitetura rivalizava com as europeias tanto em escala quanto em nível de sofisticação. Em vez dos selvagens e hereges que ocupavam o imaginário popular da época, os europeus foram apresentados a um país cosmopolita, que praticava o cristianismo havia mais de um milênio.

Os recém-chegados não tiveram dúvida: estavam no lendário reino de Preste João, o mítico soberano cristão que auxiliaria na luta contra os muçulmanos e, com seu impressionante Exército, tomaria a Terra Santa. Preste é uma corruptela de padre. O rei viveria em algum lugar do Oriente, inalcançável aos europeus – relatos de sua existência apareciam em todas as correspondências de enviados para a Ásia. Mas agora os portugueses estavam ali – e tudo era de verdade. Como escreveu o padre Manuel de Almeida, a nação era uma "quimera, nem fictícia nem imaginária, mas real". No entanto, os europeus logo perceberam que havia divergências entre sua fé e a daquele povo. Membro da Companhia de Jesus, Almeida diria ainda que "esta nação é a mais estranha monstruosidade que a África, a mãe dos monstros, criou nas suas remotas e selvagens selvas".

A LENDA

A confusão teve início séculos antes, em 1165, quando uma carta começou a circular nas cortes europeias, enviada ao imperador de Bizâncio e ao papa Alexandre III. Assinada por um sacerdote cristão e soberano de um reino incrível, prometia apoio aos cruzados que estavam sendo atacados por muçulmanos na Palestina. O Preste João seria descendente de um dos reis magos que visitaram Jesus. Sob seu comando, marchavam milhares de outros nobres e soldados, carregando cruzes de ouro incrustadas com joias raras. No coração de seu reino, uma fonte de água vinda diretamente do céu garantia a juventude eterna. De acordo com o relato, o Exército do Preste estava a caminho da Terra Santa quando uma doença o forçou a retornar às suas terras, situadas em algum ponto das Índias, local inexato nos mapas da época.

Os portugueses tomaram o relato a sério e teve início a busca pelas terras misteriosas do rei cristão – a lenda do Preste João contaminou toda a Europa. Procurado desde os tempos do Infante dom Henrique, o reino foi "descoberto" várias vezes. Ora na Mesopotâmia, ora na Arábia ou na Ásia – os expedicionários chegaram a buscá-lo até mesmo na costa ocidental da África. Marco Polo, em suas viagens, julgou ter conhecido o fabuloso rei na Mongólia. Mas foi só em 1494 que o navegador Pêro da Covilhã, enviado por dom João II, atracou no porto de Zeila, na Etiópia. Embora já houvesse relatos de monges etíopes em Jerusalém, pouco se sabia sobre a terra naquele momento.

Ao chegar, Covilhã foi recebido pelo negus, ou rei etíope, Eskender. Assim como na lenda de Preste João, ele vinha combatendo a expansão do islamismo, mas fora empurrado da costa para o interior do continente. O negus morreu pouco depois e Covilhã foi proibido de deixar o país. Aconselhada pelo português, a rainha Eleni enviou um emissário para Lisboa, solicitando apoio na batalha contra o inimigo comum, mas as primeiras tentativas de diplomacia entre as nações falharam quando a delegação portuguesa teve dificuldades ao atravessar o Mar Vermelho e foi obrigada a retornar.

Cinco anos depois, uma nova representação diplomática portuguesa foi enviada à Etiópia. Em 1520, a relação entre os reinos foi oficializada. O padre Francisco Álvares, que acompanhou a delegação, passou seis anos nas terras africanas e publicou um livro intitulado *Verdadeira Informação das Terras do Preste João das Índias*, em que descrevia o soberano como "novo e não muito preto, seria de cor castanha ou de maçã baionesa não muito parda e em sua cor bem gentil-homem". Antes de voltar, o clérigo reencontrou Covilhã – que recusou o convite de retornar para Portugal, pois, além de se tornar senhor de um grande feudo, casara-se com uma mulher local.

A aliança vinha em boa hora. Pressionada por inimigos turcos, munidos de armas de fogo, a realeza etíope foi forçada a buscar refúgio nas montanhas, cedendo o controle da rota comercial do Mar Vermelho aos muçulmanos. Em uma inversão do mito, os europeus foram chamados para resgatar o soberano. O filho de Vasco da Gama, Cristóvão, foi enviado com uma tropa de 400 homens armados com canhões para auxiliar no combate, mas acabou decapitado. Reunidos sob comando do jovem negus Galadevos, os sobreviventes venceram o inimigo. O incidente serviu para acentuar a diferença entre a lenda e a realidade do reino de Preste João.

RAÍZES PROFUNDAS

A adoção do cristianismo na Etiópia remonta ao século 4, quando a religião foi trazida por mercadores egípcios. O porto de Adulis, onde se comercializava marfim, especiarias, incenso e escravos, pusera o reino de Axum em contato com os egípcios mais de 2 mil anos antes de Cristo.

O livro *Périplo do Mar Eritreu*, um guia de viagens do século 1, descreve o reino como uma das maiores potências da época, junto de Roma, Pérsia e China. Localizado no eixo das principais rotas comerciais do Mar Vermelho, entre a Índia e o Império Romano, o reino estava sob a jurisdição de Alexandria – onde já se praticava a fé desde o ano 313. Os antigos imperadores etíopes seguiam o Antigo Testamento, influenciados pelos semitas.

RUPTURA

"Os portugueses consideraram os governantes da Etiópia sucessores de Preste João ao chegarem lá, mas perceberam que na verdade havia ali um cristianismo com doutrina e rituais independentes", afirma o historiador José Rivair Macedo, autor de *História da África*. Hostilizado por causa de seus costumes, o embaixador etíope Saga za Ab não foi aceito como cristão pela corte de dom João III. "A influência multicultural, como o monofisismo, desenvolvido a partir do Egito, que valoriza a figura divina de Jesus, assim como crenças judaicas incorporadas pela proximidade com a Arábia e as trocas iconográficas com cultos africanos locais cedem ao cristianismo etíope um perfil muito diferente do latino", diz Macedo. Hábitos como o rebatismo anual, a aceitação do divórcio, o casamento de padres, circuncisão, proibições alimentares e o rito do sábado, que não eram praticados dentro da Igreja portuguesa, faziam parte do culto etíope. Sob ordens de dom João III, missionários jesuítas foram enviados para o reino, para tentar converter os africanos à "verdadeira fé". Os etíopes recusaram a conversão e optaram por continuar respondendo à Igreja Copta de Alexandria, e não ao papado de Roma. A tentativa estremeceu a relação dos reinos e, em 1634, os etíopes se uniram aos muçulmanos para expulsar os jesuítas.

O livro *Kebra Nagast* (*Glória dos Reis*), do século 13, que detalha a linhagem dos imperadores africanos, afirma que a rainha de Sabá, curiosa para testar a sabedoria do rei Salomão, partiu para seu templo em Jerusalém. O encontro resultou em um filho, Menelik I. Ele ganhou do pai a Arca da Aliança, que continha os Dez Mandamentos, e a teria levado para a Etiópia em 950 a.C.

Se o judaísmo já tinha raízes na cultura etíope, o cristianismo foi transplantado por um bispo alexandrino em 333. O grego Frumêncio, capturado por piratas em uma viagem comercial, foi levado ao rei de Axum e se tornou membro de sua corte. Batizou o herdeiro do trono, o príncipe Ezana, que se tornaria o primeiro rei cristão do país. As moedas axumitas, que traziam o símbolo da Lua crescente e do Sol, passaram a ser cunhadas com a cruz. Com o avanço dos muçulmanos pelo Mar Vermelho e a conquista da Síria e do Egito, em meados do século 7, porém, o reino viveu um período de isolamento e o império axumita entrou em decadência. As moedas de Ezana sairiam de circulação. Ainda assim, a relação entre o sangue bíblico e o poder político se sustentou até 1974, quando o negus Haile Selassie foi deposto por um golpe militar. Transformado em deus pelo movimento rastafári, foi o último imperador salomônico do país.

UMA NOVA JERUSALÉM

Quando o reino de Axum perdeu influência, a capital foi transferida para a cidade de Lalibela. De acordo com o imperador Gebre Meskel, o Lalibela, Deus ordenou a construção de 11 igrejas. Esculpidas na montanha, e cortadas, com extrema precisão, diretamente na pedra maciça, elas mesclam imagens e influências de todo o mundo cristão. A lenda diz que anjos desceram dos céus para auxiliar na construção, terminando as obras em pouquíssimo tempo. Um estudo do arqueólogo francês François-Xavier Fauvelle determinou que as construções tiveram início no século 12, mas foram completadas no 15.

Lalibela, que descendia da dinastia não salomônica Zagwe, pretendia legitimar seu reinado com o projeto. "O objetivo era fortalecer o poder com o cristianismo original de um ponto de vista simbólico, com a aproximação de Jerusalém", afirma o historiador José Rivair Macedo. Funcionou. Lalibela se tornou um centro de peregrinações. O local é tão impressionante que é considerado patrimônio cultural da humanidade pela Unesco. O padre Francisco Álvares, ao avistar as igrejas pela primeira vez, ficou espantado. Ele achou melhor incluir um aviso ao falar da arquitetura da cidade. "Juro por Deus que todo o escrito é verdade e é muito mais do que escrevi, e o deixei por não me taxarem de mentiroso."

EM NOME DO PAI

Os jesuítas se tornaram poderosíssimos dentro e fora da Igreja: aconselharam reis, educaram a nobreza e controlaram os índios. No esforço de catequese, tanto valiu construir colégios quanto usar a força

FERNANDA CASTRO

Edição 65 • Dezembro 2008

A situação é assustadora. Um europeu baixinho, com seus 30 anos, está detido em uma aldeia em Iperoig (atual Ubatuba, no litoral norte de São Paulo), cercado de índios tamoios por todos os lados. O ano é 1563 e o padre José de Anchieta aguarda há meses sua libertação, desde que se ofereceu como refém, enquanto outro jesuíta, Manuel da Nóbrega, partia para São Vicente com dupla missão: negociar o fim de um dos maiores levantes indígenas contra os portugueses no Brasil e salvar o amigo. A revolta ficou conhecida como Confederação dos Tamoios, aliança de tamoios com tupinambás, liderada pelo lendário guerreiro Cunhambebe. Reuniu 2 mil índios para matar e expulsar do litoral os estrangeiros, que teriam trazido trabalhos forçados e doenças para suas terras. Após cinco meses de discussões, Nóbrega conseguiu fechar o primeiro tratado de paz das Américas, chamado de A Paz de Iperoig.

O padre Manuel da Nóbrega comandou os primeiros jesuítas a chegarem ao Brasil. Desembarcaram na Bahia, em 1549, na expedição de Tomé de Souza, enviado para ser o governador-geral da colônia. Passados 460 anos, deve-se hoje aos jesuítas a abertura dos primeiros colégios no Brasil (o primeiro deles em Salvador), a valorização do hábito do estudo e grande parte do registro conhecido da cultura indígena. Sem falar na contribuição literária do padre Antônio Vieira (1608-1697), com seus sermões, obra obrigatória do Barroco nacional. Por outro lado, os jesuítas não foram só professores e poetas, mas soldados, empresários e políticos. Defenderam os interesses da Coroa e da Igreja, pilotaram empreendimentos comerciais e usaram a mão de obra indígena para apoiar a economia de Portugal.

Anchieta chegou em 1553, na terceira excursão destinada a converter ao catolicismo os povos das novas terras. Era um jovem idealista, de 19 anos, e recebeu de Nóbrega a incumbência de aprender a língua dos índios. No ano seguinte, em 1554, rezou "numa paupérrima e estreitíssima casinha", como descreveu em carta, a missa de fundação de um colégio na Vila de Piratininga, origem da cidade de São Paulo. Estava ao lado do cacique guaianá Tibiriçá, maior aliado nativo dos jesuítas, que mandou transferir as ocas e a gente de sua tribo para o entorno do colégio, a fim de garantir sua proteção. Em 1562, veio de fato um grande ataque indígena à vila. O cacique hasteou a bandeira colorida dos guaianazes, amarrada a um pedaço de pau, e, ao lado dos jesuítas, lutou e derrotou os índios tupis e carijós.

Essa capacidade de interagir com os habitantes das colônias se revelou um grande trunfo político para os jesuítas. No Brasil, traduziu-se, por exemplo, na capacidade de recrutar e administrar trabalhadores em meio à população nativa. Em aliança com a Coroa, os padres chegaram a ter, sob sua influência, cerca de 80 mil índios aldeados, no século 17.

A posição da Companhia de Jesus no que se refere à escravidão ainda hoje gera polêmica. A ordem era contra a exploração dos índios pelos colonos e bandeirantes, pois argumentava que os nativos tinham alma e podiam ser convertidos à fé católica. De acordo com Jonathan Wright, autor de *Os Jesuítas: Missões, Mitos e Histórias*, para defender as populações indígenas da escravidão, os jesuítas discursavam contra a prática durante os sermões e eram capazes até de armar as tribos.

O professor de Literatura da Universidade de São Paulo João Adolfo Hansen, em *Antonio Vieira - Cartas do Brasil*, afirma que o padre escreveu várias cartas a autoridades coloniais, entre 1682 e 1697, opondo-se à escravização de "aldeados" e legitimando a dos índios "de corda". Ou seja, daqueles cativos de tribos inimigas que aguardavam para ser comidos. Mas os padres, na opinião do professor de História da USP Carlos Alberto Zeron, devem ser analisados como homens de seu tempo, que consideravam aceitável a escravidão de não católicos. "Eles não foram contra a escravidão, inclusive usaram e abusaram dela." Segundo ele, índios serviram de mão de obra para abrir estradas, como carregadores ou na defesa militar de conquistas.

POETA E CARRASCO

Pragmáticos, os integrantes da ordem justificavam o uso da força em nome de suas convicções. Anchieta criou o célebre *Poema à Virgem*, riscado originalmente nas areias de Iperoig, enquanto sofria a angústia da espera, refém dos tamoios. Mas esse poeta também escreveu, em seus textos doutrinários, que nada convence melhor que a espada e a vara de ferro. Ele é acusado por algumas fontes de ter ajudado, com as próprias mãos, no enforcamento de um prisioneiro condenado à morte por heresia pelo governador-geral Mem de Sá, em 1567. O episódio, embora contestado pela Igreja, emperra seu processo de canonização, desde que o padre foi beatificado pelo Vaticano, em 1990.

Teria ocorrido na época em que estavam sendo expulsos do Brasil os últimos franceses derrotados na tentativa de fundar uma colônia na Guanabara, a França Antártica. O réu executado seria um pastor huguenote deixado para trás, Jacques le Balleur. "No momento da execução, revelando-se inábil o carrasco, foi auxiliado pelo padre José de Anchieta, que julgara haver convertido o calvinista e temia que a demora da execução o fizesse voltar atrás", diz o artigo *A França Antártica e a Confissão de Fé da Guanabara*, do historiador Alderi de Souza Matos, publicado no site do Instituto Presbiteriano Mackenzie. Mas, para o padre jesuíta Hélio Abranches Viotti, na obra *Anchieta, o Apóstolo do Brasil*, o incidente se baseia em textos apócrifos e não procede.

Os jesuítas lutaram contra os franceses, no litoral do Rio, arregimentando reforços tupiniquins e guaianazes. Articularam alianças e rezaram missas para levantar o moral das tropas indígenas aliadas. O enfrentamento com as forças do aventureiro Nicolas Durand de Villegagnon (apoiadas por tamoios e tupinambás) demorou 11 anos: de 1555 a 1567. Para fortalecer a presença portuguesa na Guanabara, Anchieta foi enviado de novo para o front. Nóbrega mandou que ajudasse Estácio de Sá, sobrinho do governador-geral, com quem fundaria, então, a cidade do Rio de Janeiro, em 1565.

SURGIMENTO

Converter infiéis era o grande objetivo da Companhia de Jesus ao ser criada, em 1537, por um grupo de seis estudantes (um português e cinco espanhóis). Era liderada por Inácio de Loyola, ex-soldado basco que abandonou a vida de arruaças, enquanto convalescia do ferimento feito por um tiro de canhão. Três anos depois de fundada, a ordem foi oficializada pelo papa. Em 1556, contava mil integrantes, e, em 1626, mais de 15 mil. A meta dos primeiros jesuítas era conquistar Jerusalém, mas o Mar Mediterrâneo estava dominado pelo sultão otomano Suleiman, o Magnífico, e a saída foi desviar a rota e ir converter reformados (protestantes) e nativos em novas terras. A Companhia de Jesus acumulou poder graças às boas relações com a Coroa e ao controle da mão de obra nativa. No Concílio de Trento, realizado entre 1545 a 1563 e que teve a Reforma Católica (reação à Reforma Protestante) no eixo dos debates, fez valer suas teses, como a condenação da interferência de monarcas em assuntos da Igreja, embora os jesuítas influenciassem os governos, como conselheiros dos reis. Antônio Vieira foi confidente de dom João IV (rei de Portugal de 1640 a 1656) e, como seu embaixador, foi à Holanda, em 1646, para negociar a devolução de Pernambuco, ocupado de 1630 a 1654.

Nas andanças dos jesuítas pelo mundo, a estranheza entre catequizador e catequizado era inevitável. De um lado, índios canibais politeístas que sabiam tudo de plantas, ou chineses de olhos puxados, poucos pelos no corpo e conhecimentos fantásticos de astrologia e matemática. Do outro, europeus barbudos e suados, completamente vestidos – independentemente do clima. Os missionários foram a Índia, China, Japão, Etiópia, Canadá, Indonésia, entre outros países. As diferenças culturais provocavam confusões óbvias. Imagine que mau agouro, para um chinês do século 16, acostumado a ver ladrões serem punidos com a crucificação, conviver com um homem que levava sempre uma cruz no pescoço.

Por outro lado, essa proximidade com as tribos permitiu documentar as culturas. Anchieta escreveu o primeiro dicionário português-tupi, sem o qual talvez não tivéssemos registro da língua. Os padres também melhoraram os mapas da época, porque costumavam detalhar em cartas os lugares por onde passavam. Por exemplo, encontraram uma rota terrestre entre a Índia e a China e descobriram que a Califórnia e a Coreia não eram ilhas.

Tantas atividades, contudo, exigiam muitos recursos. Jonathan Wright conta que a ordem "procurou financiar o evangelismo através de uma série fenomenal de instituições comerciais: atividades bancárias, mineração, atividades imobiliárias e envolvimento no comércio de especiarias e seda". Essa rede permitiu manter colégios gratuitos, frequentados por nobres e plebeus. Ao serem expulsos do Brasil, em 1760, os jesuítas tinham 670 colégios (Minas Gerais, Amazonas, Rio de Janeiro, São Paulo etc.). No começo do século 18, a Companhia de Jesus era tão odiada quanto amada. As missões da China, da Índia e do Canadá estavam enfraquecidas e os padres, envolvidos em boatos de má conduta e corrupção. Sem falar nas disputas teológicas, como a querela sobre o livre-arbítrio: para os dominicanos, a salvação divina do indivíduo era caso de predestinação, enquanto os inacianos acreditavam que era consequência de seus bons e maus atos. Com a morte de dom João IV, a ordem perdeu muitos de seus privilégios e teve de enfrentar os ventos do Iluminismo, que valorizava o pensamento racional e não teológico.

A QUEDA

Com dom José (1714-1777), o comando de Portugal passou, na prática, para Sebastião José de Carvalho e Mello, o Marquês de Pombal. Ele desencadeou ampla reforma no país e anulou os poderes legais dos jesuítas nas aldeias indígenas. Em 1759, conseguiu expulsá-los de todos os domínios portugueses (inclusive das colônias, ou seja, do Brasil), ordem que se estenderia depois a outros países da Europa. A situação ficou insustentável e o papa Clemente V suprimiu a Companhia em 1773. Na época, reunia 24 mil membros, mais que os 21 mil atuais. Reabilitada em 1814, a ordem aguardou 40 anos para renascer.

TODOS CONTRA OS JESUÍTAS

A Companhia de Jesus arrumou encrenca com políticos, militares e até com o primeiro bispo no Brasil na missão de catequizar os índios

· MARCUS LOPES ·

Edição 125 • Dezembro 2013

Nem bem desembarcou na Bahia, o primeiro bispo no Brasil, dom Pero Fernandes Sardinha, tratou logo de mostrar quem mandava nas almas do lugar. Seu primeiro alvo foram os jesuítas, que chegaram ao Brasil junto com o primeiro governador-geral, Tomé de Souza, em abril de 1549. Sardinha ficou estarrecido com uma prática dos religiosos da Companhia de Jesus: flagelações públicas, parte de um processo de "exercícios espirituais" idealizado pelo fundador da ordem, Inácio de Loyola. Liderados por Manoel da Nóbrega, os jesuítas saíam à noite pelas ruas de Salvador em procissão, submetendo-se a açoites – e convidando os moradores a imitá-los. "Inferno para todos que estão em pecado mortal", bradavam.

Sardinha, um ex-professor formado em Direito e Teologia, não gostou da maneira como os religiosos purgavam os pecados. "Tais exercícios, ainda que sejam santos e virtuosos e ordenados para mortificar a carne e quebrar a soberba, todavia são mais meritórios se feitos em segredo", escreveu ao chefe de Nóbrega, Simão Rodrigues de Azevedo, líder da Companhia de Jesus em Portugal. O curioso é que Nóbrega foi o primeiro a defender que Salvador tivesse um bispo, preocupado com o comportamento do rebanho na cidade recém-fundada. O veto aos açoites públicos, porém, foi só a primeira de uma série de desavenças em que os jesuítas se envolveram no Brasil – e a lista só cresceu nos dois primeiros séculos do Brasil colônia.

Sardinha havia sido professor do próprio Inácio de Loyola, por isso conhecia bem a ortodoxia jesuítica. E não gostava dela. No curto tempo em que passou à frente da diocese de Salvador, tratou de podar o poder da turma de Nóbrega. Proibiu, por exemplo, que pregassem aos índios em tupi – um duro golpe na ordem, que se empenhava justamente em aprender a língua dos indígenas e adaptar o culto católico a eles. O bispo implicou até com o corte de cabelo das crianças, que para ele "se pareciam com freiras". Finalmente, vetou aos jesuítas que frequentassem as capelas que haviam construído nas aldeias, proibiu que as confissões contassem com intérpretes e impediu que os índios fossem à missa nas igrejas de Salvador. Em resumo, ele acabou com o trabalho dos jesuítas. "Em tese, o confronto eclodiu porque Sardinha era contrário à catequização dos indígenas", escreveu Eduardo Bueno em seu livro *A Cruz, a Coroa e a Espada*.

O raciocínio do bispo Sardinha seria um divisor de águas entre os colonizadores e os jesuítas – para sempre. A questão dos índios sempre teve consequências no dia a dia da colônia, onde conflitos entre religiosos e poderosos eram comuns. "As disputas entre jesuítas e governantes, e com as pessoas ligadas ao tráfico de indígenas, eram constantes", afirma o padre jesuíta Cesar Augusto dos Santos, mestre em História Social pela PUC-SP e autor do livro *O Colégio de Piratininga*. "Os jesuítas lutavam para que o indígena fosse respeitado como ser humano, como filho de Deus, e as disputas eram fortíssimas." A disputa, que começou como uma discussão teológica, teria efeitos terríveis.

O bispo Sardinha, como se sabe, entrou para a História do Brasil ao supostamente ser devorado por indígenas quando o navio que o levava de volta à Europa naufragou na costa da atual Paraíba, em 1556. O escritor Oswald de Andrade usou o caso em seu *Manifesto Antropófago*, de 1928. O bispo morreu, mas os inimigos dos jesuítas se multiplicaram em Pindorama.

SÃO PAULO

Para se livrar da tutela de Sardinha, antes que ele virasse comida de canibais, Nóbrega seguiu Tomé de Souza em visita às capitanias do sul e acabou por se estabelecer em São Vicente. Na vila já vivia o jesuíta Leonardo Nunes, o Abarébebê, ou padre voador, pela velocidade com que andava pela região. Quando soube que, subindo a Serra do Mar, havia um povoamento com brancos e índios liderados pelo português João Ramalho, Nóbrega viu a chance de encontrar um local para catequizar os índios longe da ingerência dos poderosos. Foi o mote para a fundação do colégio que daria origem à cidade de São Paulo, em 1554.

Nóbrega sabia que precisava da ajuda de Ramalho para se estabelecer no planalto, mas em pouco tempo a relação entre os dois degringolou. O português não era casado com a índia Bartira e os brancos e mamelucos não gostavam dos valores dos religiosos. Quase todas as relações econômicas passavam pelo aprisionamento e escravização de índios de outras etnias – devido à pobreza e ao isolamento da vila, em pouco tempo as bandeiras se transformaram na única riqueza para seus habitantes.

Os conflitos entre religiosos e a população local chegavam às vias de fato, resultando, em diversas ocasiões, na expulsão dos jesuítas do território paulista. Em 1633, um grupo liderado pelo bandeirante Antonio Raposo Tavares tomou de assalto a aldeia de Barueri e expulsou os padres. "Lançaram fora os móveis da residência jesuítica, levaram os indígenas, depredaram e fecharam a Igreja de Nossa Senhora da Escada, padroeira da aldeia, e expulsaram os jesuítas", escreveu Ney de Souza em *Catolicismo em São Paulo*. Anos depois foi a vez dos jesuítas de São Paulo de Piratininga. Mesmo as camadas mais baixas dos paulistanos não viam com bons olhos aquele trabalho de evangelização que atrapalhava o "ganha-pão" e movia a economia da vila.

No dia 10 de julho de 1640, os padres do Colégio receberam uma notificação de que teriam dois dias para deixar a vila. No dia 13 de julho, às 2 da madrugada, a Câmara mandou tocar o sino. Da janela da Câmara (centro do poder local) foi lida para a população a sentença de expulsão dos padres. Na manhã seguinte, todos foram à porta do Colégio e invadiram o prédio. Expulsos, os jesuítas foram para Santos e só voltaram a subir ao planalto mais de dez anos depois.

FORA DE PORTUGAL

A pá de cal nos jesuítas na colônia veio diretamente de Portugal. Um decreto, elaborado sob inspiração do Marquês de Pombal, expulsou a ordem da metrópole e de todas as suas colônias, em 1759. "Declaro os sobreditos regulares rebeldes, traidores, adversários e agressores que estão contra a minha real pessoa e Estados, contra a paz pública dos meus reinos e domínios, e contra o bem comum dos meus fiéis vassalos", registrou o decreto do rei dom José I. "Mandando que efetivamente sejam expulsos de todos os meus reinos e domínios."

Em 1768, o rei da Espanha, Carlos III, seguiu na mesma toada. Foi o final de uma das experiências utópicas mais importantes do mundo: as reduções, ou missões jesuíticas, nas quais milhares de indígenas aculturados viviam sob os preceitos dos religiosos. Muitas dessas missões marcavam justamente a fronteira entre as possessões portuguesas e espanholas na América do Sul. Acordos políticos na Europa levaram a um massacre dos habitantes das reduções, que até então funcionavam como uma salvaguarda aos indígenas – viver em uma delas era uma forma de escapar dos bandeirantes brasileiros e dos encomenderos castelhanos, ambos interessados em buscar mão de obra escrava nos sertões.

Os jesuítas, os pioneiros a levar a catequização aos indígenas, os criadores das primeiras escolas na América do Sul, fundadores de cidades no Novo Mundo, a ponta de lança da Contrarreforma nas colônias ibéricas, perderam espaço político de tal maneira que, em 1773, o papa Clemente XIV dissolveu a Companhia de Jesus. A restituição e consolidação da ordem no país só ocorreria muito tempo depois, já com o Brasil independente. A força da Companhia de Jesus, porém, continua. É jesuíta o atual papa, o argentino Jorge Bergoglio.

PADRES E PAIXÃO NACIONAL

Muito ligados à educação desde os tempos coloniais, os jesuítas podem ter dado uma contribuição fundamental para uma paixão brasileira: o futebol. Muitos antes de Charles Miller, o introdutor do futebol no Brasil na última década do século 19, há registros de que a bola já rolava em colégios jesuítas como recreação dos padres e alunos.

O padre César Augusto dos Santos conta que, algum tempo após os jesuítas retornarem ao Brasil, beneficiados pela queda da reforma pombalina, fundaram o Colégio São Luiz, em Itu, no interior de São Paulo, depois transferido para a capital paulista. "Foi nesse colégio, em Itu, onde se realizou pela primeira vez no Brasil uma partida de futebol, feita, evidentemente, entre alunos", afirma o padre César.

A versão é confirmada pelo historiador José Moraes dos Santos no livro *Visão do Jogo – Primórdios do Futebol no Brasil*. Ele relata que, por volta de 1873, o padre José Mantero, professor do São Luiz, teria apresentado a bola de futebol aos estudantes na hora do recreio.

Em Nova Friburgo (RJ), o esporte também deu seus primeiros passos nas mãos dos religiosos. "Os jesuítas italianos que ali se estabeleceram, em 1886, já conheciam o *calcio*, que é como os italianos chamam o futebol, que vem de uma forma de jogo por eles praticada desde a Idade Média", diz o historiador Elias Feitosa. "No entanto, não é possível afirmar que foi a partir daí que o futebol se disseminou no Brasil. Assim sendo, a versão mais aceita continua sendo a de que ele chegou com Charles Miller."

Aos jesuítas também é creditada a introdução do teatro no Brasil. "Para evangelizar e catequizar os indígenas, o padre José de Anchieta trouxe o teatro e escreveu as primeiras peças brasileiras", diz o jesuíta César Augusto dos Santos, postulador da causa de canonização de Anchieta, cujo processo está em análise no Vaticano.

A GRANDE AVENTURA DOS JESUÍTAS NO BRASIL

A Companhia de Jesus foi fundamental na fundação de Salvador, Rio e São Paulo. Criou nossa versão do idioma português. Catequizou índios, participou de batalhas, liderou explorações em busca de ouro. Ajudou a formar o país

· TIAGO CORDEIRO ·

Edição 156 • Julho 2016

Desde os anos 1960, muita criança sonha em ser astronauta. Viajar para outros planetas, com suas paisagens bizarras, seus ambientes absurdos e – quem sabe? – seus moradores de costumes quase inacreditáveis de tão diferentes. Por volta de 1550, era possível viver esse mesmo sonho: jovens ousados, educados nas melhores escolas católicas, podiam ser convidados para viver entre os algonquins do Canadá, os astecas mexicanos, os indianos de Goa, os moradores do arquipélago japonês, os tupis-guaranis do Brasil. Cada um deles, em todos os sentidos para o ponto de vista de um europeu, vivia, comia e rezava como um verdadeiro alienígena. Os jovens do Velho Continente podiam experimentar esses novos planetas, desde que reunissem uma combinação de fé, disciplina, espírito didático e capacidade de gerenciamento. Havia muitas opções para um missionário cristão abraçar a causa da catequização das terras distantes. Mas a Companhia de Jesus era a mais nova e mais promissora. Surgira poucos anos antes, pelas mãos de um jovem basco, Íñigo López de Loyola, amante das armas e das mulheres, convertido para a fé por uma bala de canhão.

AVENTUREIRO E ENAMORADO

Iñigo vinha de família bem relacionada de Azpeitia, no noroeste da Espanha. Na juventude, fez estágio como pajem do nobre Juan Velázquez de Cuellar e se acostumou a andar bem-vestido, com cabelos loiros e compridos. Dizia-se encantado por uma moça da elite, que nunca chegou a nomear, mas que, confessava, não parava de ocupar seus pensamentos. "Ficava logo embebido a pensar nela duas, três ou quatro horas sem se dar conta, imaginando o que havia de fazer em serviço de uma senhora", ele escreveria em sua autobiografia. O gosto pelas guerras era bem mais público.

Como seguidor do vice-rei de Navarra, António Manrique de Lara, Iñigo participou da batalha de guerra que colocava os reis da França e da Espanha na disputa pelo controle do Sacro Império Romano-Germânico. Lutando a favor dos espanhóis, em 20 de maio de 1521, durante um cerco francês a Pamplona, uma bala de canhão passou entre suas pernas. Milagrosamente, o jovem basco sobreviveu. Foi levado para casa, com a perna destroçada. No castelo da família, onde passou por uma recuperação lenta e dolorosa, com direito a cirurgia nos joelhos - sem anestesia - que tinha por objetivo consertar uma cirurgia anterior - também sem anestesia -, um jovem sofredor e entediado encontrou consolação em livros católicos da biblioteca da família. O guerreiro mulherengo se recuperou com uma perna mais curta e uma decisão firme: seguir os caminhos de Cristo.

Começou tentando ir à Cidade Santa. Conseguiu em 1523, mas ficou por um período muito curto, durante o qual se mostrou um risco para os católicos que negociavam cuidadosamente sua permanência na Jerusalém dominada por muçulmanos. Andando sem seguranças, forçando a entrada em lugares vedados a cristãos, ele foi convidado a voltar para a Europa o mais rápido possível. Retornou a contragosto, sonhando em voltar, o que nunca coneguiu.

Iñigo dirigiria suas atenções a outro objetivo: fundar uma ordem religiosa guerreira, de forte caráter missionário. Para isso, voltaria a estudar, a fim de preencher uma grave lacuna, a falta de formação teológica. Em Paris, encontrou seis religiosos mais novos (que se tornariam o núcleo central da Companhia de Jesus): Francisco Xavier, Pedro Fabro, Simão Rodrigues, Nicolás Bobadilla, Diogo Laínez e Alfonso Salmerón. Em 15 de agosto de 1534, durante um encontro na Igreja de Saint Denis, no bairro parisiense de Montmartre, eles fundaram a Companhia de Jesus. Em 1537, o fundador adotou um novo nome, mais amigável para os ouvidos dos espanhóis não bascos: Inácio. Em 1540, o papa Paulo III aprovou a existência do novo grupo. Era um começo rápido e promissor.

SOLDADOS DE CRISTO

Inácio nunca usou o termo "jesuítas", pelo qual o grupo ficaria conhecido. A expressão se estabeleceria décadas depois, quando o esforço missionário ajudou a estabelecer o apelido, que fazia referência a "pessoas que citam o nome de Jesus com muita frequência". Mas o nome oficial, *Societas Jesu*, ou Sociedade de Jesus, caracterizava com precisão os objetivos do grupo, criado como uma milícia com hierarquia clara, conduta impecável e o mesmo espírito de conquista que acompanhou o fundador até o fim da vida, em 1556.

Inácio se instalou em Veneza, à espera de orientações papais. Até que aquele grupo de jovens instruídos e disponíveis para a evangelização chamou a atenção das lideranças do Vaticano, que resolveram usar os jesuítas no esforço de reação à Reforma Protestante. Todos os fundadores se envolveriam na catequização e na publicação de trabalhos que lutavam pela restauração da fé católica. O sucessor de Inácio, Diogo Laínez, chegaria a se estabelecer como uma importante liderança no Concílio de Trento. Era forte candidato a papa, mas não chegou ao posto. Os jesuítas só formariam um pontífice em 2013, com a eleição do argentino Jorge Bergoglio. Sua vocação, no século 16, era outra: a evangelização em terras estrangeiras.

Tal evangelização começou com São Francisco Xavier, um dos jesuítas mais famosos da História, o único fundador da ordem a deixar a Europa. Ele estava em Portugal, onde o rei João III se mostrava interessado no esforço missionário daqueles jovens promissores. Foi para a Ásia, onde ficaria por uma década e converteria entre 30 mil e 100 mil pessoas, um número espantoso – e obviamente inflado, no sentido de que muitos dos pagãos que aceitavam o batismo não entendiam o que havia acontecido e não mudavam nenhum de seus costumes, mesmo que incluíssem o canibalismo, a poligamia e a crença em vários deuses.

TERRAS BRASILEIRAS

O exemplo de Xavier seria seguido no Brasil, onde, em 1549, chegaram, junto com o primeiro governador-geral Tomé de Souza, seis jesuítas, liderados por Manoel da Nóbrega, um religioso muito dedicado, que desejava ser professor, mas não conseguiu por causa de uma gagueira quase insuportável. Nóbrega se formou em Direito Canônico e Filosofia na Universidade de Coimbra. Seu pai era desembargador. Em 1544, com 27 anos, desistiu da carreira de professor e entrou para a

Companhia de Jesus. Começou a fazer viagens de peregrinação e pregação pela Península Ibérica. Nos hospitais onde tentava realizar exorcismos, era conhecido como “o Gago”. Convidado para vir ao Brasil – uma região desacreditada, de menor importância para Portugal – depois que o cofundador da Companhia Simão Rodrigues preferiu ficar em Portugal, chegou em 29 de março, após 56 dias de viagem. A comitiva em que veio tinha seis navios e mil pessoas. Ninguém esperava muito de Nóbrega, mas ele surpreenderia a todos. E nunca mais retornaria à Europa.

Nóbrega, como chefe da primeira turma de jesuítas, recebeu excelentes condições de trabalho: diferentemente do que acontecia na Ásia ou na América do Norte, a ordem detinha a exclusividade sobre a evangelização da colônia. Apesar de descoberta em 1500, e de uma primeira tentativa mais sistemática de ocupação em 1532, seria apenas com a chegada do governador-geral Tomé de Souza a Salvador que Portugal começava, de fato, a colonizar a vasta Terra de Santa Cruz, dominada por diferentes grupos de indígenas e tomada por uma vegetação espessa que praticamente impedia qualquer investigação para além do litoral.

Até sua morte, em 1570, Nóbrega se mostrou incansável. Ajudou a definir o traçado de Salvador, a primeira cidade planejada do país. Na sequência, andou por todo o território que formava a colônia, de São Paulo a Pernambuco. Mapeou vilas, identificou tribos, foi decisivo em guerras e rebeliões e ajudou a colocar em pé três futuras metrópoles fundamentais: Salvador, São Paulo e Rio de Janeiro.

O jesuíta deu atenção especial a Porto Seguro, onde Pedro Álvares Cabral havia desembarcado e os indígenas eram especialmente hostis. Ali ficou João de Azpilcueta Navarro, responsável por organizar uma primeira tentativa de explorar os sertões que hoje pertencem à Bahia e ao interior de Minas Gerais. Na busca por uma famosa Serra das Esmeraldas, Navarro e outros 13 desbravadores conheceram o Rio São Francisco, acamparam em condições precárias e tiveram de se esconder de índios que surgiam e desapareciam misteriosamente.

Ao voltar para o litoral, depois de um ano e meio e 2 mil quilômetros de viagem, estava tão doente que acabou morrendo, dois anos depois, em Salvador. Deixou como legado uma carta em que descrevia a fauna e a flora que encontrou. "Há muita caça, assim de animais como de aves", escreveu. "Há uns animais que se chamam antas. Há muitas castas de macacos, entre os quais uns pardos com barba como homens. Há veados, gatos, onças, tigres e muitas cobras, entre as quais há umas que têm no rabo uma coisa à maneira de cascavel." João também deixou estudos com os primeiros fundamentos para traduzir tupi para o português e vice-versa. O documento seria usado pelo padre José de Anchieta na construção de sua própria gramática. João, aliás, foi quem iniciou Anchieta no trabalho de entender aquela língua tão difícil para os europeus.

NOVAS CIDADES

Enquanto tudo isso acontecia, Nóbrega já tinha descido até São Vicente, onde fez uma tentativa diferente de incursão para além das praias: o estabelecimento de um ponto de apoio no planalto. Foi ele quem escolheu uma área instalada entre os rios Anhangabaú e Tamanduateí e controlada pelo cacique Tibiriçá, amigo dos ocidentais desde que havia começado a conviver, muitos anos antes, com um degredado chamado João Ramalho. Tibiriçá e os 25 mil índios tupiniquins que ele liderava ajudaram a construir um colégio onde se ensinava a ler e escrever em tupi e onde se aprendiam noções de latim, além de carpintaria e marcenaria.

Foi naquele vale bem protegido por tupiniquins que 13 dos 26 jesuítas que viviam no Brasil na época morariam em um barracão de cerca de 90 m², feito de paredes de taipa de pilão e com telhado de folhas de palmeira. Nóbrega chegou a realizar uma missa no local, em 29 de agosto de 1553. Mas foi uma segunda celebração, conduzida pelo padre Manuel de Paiva com José de Anchieta no apoio, que marcou o batismo da cidade: São Paulo, em homenagem ao santo celebrado naquele 25 de janeiro de 1554. A política de estabelecer colégios como a base de centros urbanos, tipicamente jesuíta, seria rapidamente aplicada também no Rio de Janeiro, além de Olinda, São Luís, Ilhéus e Recife. Anchieta havia encontrado Nóbrega em São Paulo, e reencontraria o chefe outras vezes. Em especial quando os dois se fizeram reféns voluntários da tribo dos tamoios, aliados dos franceses, na região onde hoje fica Ubatuba.

O FIM PROVISÓRIO

O conflito com os tamoios seria decisivo para a fundação do Rio de Janeiro, uma terra que parecia destinada a ficar em mãos francesas. Para ajudar na negociação com os portugueses, Nóbrega e Anchieta permaneceram entre os indígenas. Foram bem-recebidos – tão bem que precisavam rezar muito e fazer autoflagelação frequente para lidar com o assédio das índias que os maridos e pais ofereciam. Um único episódio destoante quase levou os dois ao martírio: um jovem líder, muito amigo dos franceses, perseguiu os dois padres, que tiveram que correr muito e se esconder até que os chefes o acalmassem.

A negociação não foi muito longe, mas o terceiro governador-geral, Mem de Sá, acabaria destruindo o forte francês Coligny e instalando os portugueses na vila de São Sebastião do Rio de Janeiro, onde Nóbrega construiu um colégio e viveu até a morte. Anchieta ainda tinha mais duas décadas de trabalho pela frente. Deixaria como legado um conhecimento do idioma do grupo tupi-guarani, o início de uma literatura produzida no Brasil e uma lista de conhecimentos das plantas locais.

A partir do século 17, os jesuítas estavam instalados como uma potência. Desde 1580 não detinham o monopólio sobre a pregação, mas seus colégios formavam as elites locais, suas fazendas (que contavam com o uso de mão de obra escrava) forneciam alimentos para todas as cidades. E, mais importante, suas aldeias, centros autônomos onde os índios viviam protegidos dos colonizadores civis, resguardavam os locais da exploração exagerada. Delimitado por Nóbrega, o conceito de aldeias provocaria atritos intensos com os jesuítas que vieram depois. Eles seriam cercados e expulsos, em diferentes ocasiões, em todas as principais cidades do país. Os conflitos foram especialmente graves no Maranhão, graças a um religioso português com vocação para a confusão: Antonio Vieira.

Nascido em Portugal, educado em Salvador, Vieira dividiria sua atenção entre os assuntos dos europeus e dos brasileiros. Na corte em Lisboa, defendeu que os lusitanos deixassem Pernambuco com os holandeses – na década de 1630, parecia impossível aos portugueses recuperar aquelas terras. Diante da pressão da Coroa espanhola, bolou um plano que incluía a instalação do rei João IV no Rio de Janeiro, mas nunca seria colocado em prática.

ESTERTORES DA ORDEM

No Brasil, Vieira se envolveu principalmente com a colonização da Amazônia e com os conflitos com as lideranças civis do Maranhão, que insistiam em tomar os índios para si e se irritavam com a interferência jesuítica nos assuntos seculares. Em um de seus muitos sermões, de 1654, ele se dirigiu aos maranhenses com desprezo: "A este Evangelho do Domingo Quinto da Quaresma chamais comumente o domingo das verdades. Por me não sair, contudo, do que hoje todos esperam, estive considerando comigo que verdades vos diria, e, segundo as notícias que vou tendo desta nossa terra, resolvi-me a vos dizer uma só verdade. Mas que verdade será esta? Não gastemos tempo. A verdade que vos digo é que no Maranhão não há verdade". Perseguido pela Inquisição, isolado das cortes em Portugal, Vieira morreria nos arredores de Salvador, cansado e desiludido.

Portugal oscilava entre o apoio aos colonos e a defesa dos religiosos. Isso até a ascensão de reis que tinham a pretensão de modernizar o Estado e reduzir a influência dos jesuítas, que, em Portugal, na Espanha e na França, eram professores, confessores e orientadores de várias gerações de reis e rainhas. Em Portugal em específico, sob a influência do Marquês de Pombal, a ordem seria expulsa do país e de suas colônias em 1759.

Cidade após cidade, os cerca de 600 religiosos que viviam no Brasil foram colocados em navios em direção a Portugal. Alguns foram detidos, outros seguiram para a Itália. Uma pequena parte reagiu e ficou entre os índios, dentro das missões que a ordem vinha fundando e mantendo, em especial ao sul do Brasil, no Paraguai e na Argentina. Religiosos e locais pegaram em armas e acabaram massacrados nas Guerras Guaraníticas. A experiência das missões havia deixado um legado impressionante: os índios viviam com relativa autonomia. Alguns se mostraram artesãos talentosos, cuja produção de instrumentos musicais povoaria os salões e as igrejas europeias com violinos feitos nas Américas.

Catorze anos depois, em 1773, a ordem toda foi extinta por decisão do papa Clemente XIV. Nesse momento, os inacianos ligados a Portugal já tinham o destino selado. A inquisição encerraria a vida de Gabriel Malagrida: o padre de 72 anos foi queimado na Praça do Rossio, em Lisboa, na tarde de 21 de setembro de 1761. Foi a última vez que um condenado pela Inquisição era morto em praça pública em território português. Ele havia batido de frente com o Marquês de Pombal por muitos anos, desde que afirmara que o terremoto que aterrou Lisboa em 1755 era um castigo divino.

E assim, por força do fogo e de uma bula papal, a ordem deixou de influenciar os rumos do Brasil. Foi autorizada a voltar em 1814, mas a marca sobre o país nunca mais seria a mesma. Permanece nos centros educacionais. Em termos internacionais, os jesuítas agora alcançaram, depois de cinco séculos, o cargo mais alto da Igreja Católica: o papa Francisco pertence ao grupo fundado por Inácio de Loyola e construído com o sangue e o suor de jovens cultos e corajosos.

Jesus carregando a cruz encontra as mulheres de Jerusalém (Josef Janssens)